NICOLE RINDER
FLORIAN RAUCH

DAMIT AUS TRAUMA TRAUER WIRD

WEITERLEBEN NACH
DEM SUIZID EINES
NAHESTEHENDEN MENSCHEN

Inhalt

I. Für wen wir dieses Buch
schreiben 6

II. Suizid! 12

Der Schock 13

Der Tag, an dem es
Nicoles Familie traf 13

Nicht wahrhaben wollen 14

Sandra ist tot 15

Damit aus Trauma Trauer
wird 19

Übung: Stärkeort 20

Papa hat sich erschossen 23

Die ersten Stunden –
Polizeiliche Ermittlungen 25

Auf einen Blick 27

Die Wahrheit sagen 28

»Papa! Der Thorsten ist tot.« 28

Ein gesellschaftliches Tabu . . . 29

»Die Einsamkeit bringt
mich noch um.« 30

Verheimlichen macht alles
noch schlimmer 30

Auf einen Blick 32

**Wenn Kinder sich
das Leben nehmen** 33

»Alles kreist um die Frage:
Warum, warum, warum?« 33

Das Unfassbare – die große
Not der Eltern 36

»Nein. Wir werden es dem
Julian nicht sagen.« 38

Eine offene Familie ist eine
gute Familie 40

Auf einen Blick 41

Abschied nehmen 42

Das erste Wiedersehen
mit meinem toten Bruder
Thorsten 42

Kopf und Herz schaffen eine
Verbindung – der Abschied . . . 44

Steine im Sarg 45

Der Tod als Sinneserfahrung 47

»Ich konnte ihm meine Wut
ins Gesicht sagen.« 47

Die Angst vor dem
Wiedersehen 48

Kein Abschied vom Toten 51

Ritual: Der letzte Brief 52

Ritual: Das letzte Geschenk –
Sargbeigaben 53

Auf einen Blick 55

III. Trauer ... 56

Trauer ist der Weg zur Heilung ... 57
Die Welt steht still ... 57
Trauer als Helfer sehen ... 58
Trauer hat einen tieferen Sinn ... 59
Übung: Der Trauer-Freund ... 61
Trauerverweigerung macht krank ... 67
Die Trauer und ihre Muster ... 68
Trauer hört nie auf ... 70
Keiner konnte Thorsten aufhalten ... 71
Übung: Das Lebensfluss-modell ... 74
Auf einen Blick ... 77

Gefühle zeigen ... 78
Der Schmerz hat eine Aufgabe ... 78
Übung: Wenn Kopf und Herz mal eine Pause brauchen ... 80
Weinen ausdrücklich erlaubt! ... 83
Tränen heilen ... 85
Übung: Gefühle wahrnehmen – damit umgehen ... 87
Auf einen Blick ... 89

Der Trauerprozess – lebensfördernder Verlauf, lebenshindernde Trauer ... 90
Weg der Trauer, Weg der Reife ... 90
Lebenshindernde Trauer ... 92
Geschichte: Blumenzwiebel ... 96
Übung: Blumenzwiebel ... 98
Auf einen Blick ... 99

IV. Schuld ... 100

Ein ganz spezieller Tod – eine ganz spezielle Trauer ... 101
Auf einen Blick ... 103

Schuldgefühle ... 104
Die erste Zeit: Aushalten lernen – auf allen Seiten ... 104
Mein Weg vom (Selbst-)Mitleid zum Mitgefühl ... 105
Schuld ist auf Dauer keine gesunde Verbindung zum Toten ... 108
Übung: Kraftquellen meines Lebens – Mein Kraftquellen-mandala ... 109
Der Kopf in der Schlinge ... 113
Erwachsene Menschen treffen eigenverantwortliche Entscheidungen ... 116
Erfahrungen einer Trauer-begleiterin ... 118
Übung: Schuldschuh ... 122
Schuldgefühle ... 124
Auf einen Blick ... 125

Das Recht, sich nicht schuldig zu fühlen ... 126
»Dann bring dich doch tatsächlich um!« ... 126

Das Recht, sich nicht schuldig
zu fühlen 130
Übung: Heilender Brief –
– Mein Schicksal und deinen
Weg annehmen 131
Auf einen Blick 135

V. Versöhnung 136

**Abschied nehmen – die
ersten Schritte der
Versöhnung**................... 137
Ein Tod, der nicht sein darf ... 137
Abschied von Thorsten 139
Auf einen Blick 141

Verantwortung 142
Zurück ins Leben finden...... 142
Übung: Klagen in Wünsche
verwandeln 145
Inneren Frieden schaffen 146
Übung: Ein Koffer voller
Glücksblumen................. 147
Annehmen ohne Wertung.... 150
Jeder trägt seine eigene
Verantwortung............... 150
Auf einen Blick 153

Weiterleben mit dem Suizid.... 154
Alles hat seine Zeit........... 154
Der Tod bringt mich nicht um 155

Übung: Dankbarkeitsritual
zur blauen Stunde 156
Auf einen Blick 159

VI. Gut zu wissen 160

**Mit Kindern über Suizid
sprechen** 161
Jonas findet seinen Papa..... 161
Verbindung schaffen und
Orientierung geben........... 162
Sprechen Sie mit Ihrem Kind! 166

**Trauma – Posttraumatische
Belastungsstörung (PTBS)**.... 169

**Trauer – ein vielschichtiger
Prozess** 171

**Resilienz – die psychische
Widerstandskraft** 172

Eigene Suizidalität........... 173

Rituale des Abschieds 174

Danksagung................... 179
Hilfreiche Adressen........... 180
Literaturempfehlungen...... 182
Text- und Bildnachweis....... 186
Autorenbiografien 188

Memento

Vor meinem eignen Tod ist mir nicht bang,
Nur vor dem Tode derer, die mir nah sind.
Wie soll ich leben, wenn sie nicht mehr da sind?

Allein im Nebel tast ich todentlang
Und laß mich willig in das Dunkel treiben.
Das Gehen schmerzt nicht halb so wie das Bleiben.

Der weiß es wohl, dem gleiches widerfuhr;
– Und die es trugen, mögen mir vergeben.
Bedenkt: den eignen Tod, den stirbt man nur,
Doch mit dem Tod der andern muß man leben.

Mascha Kaléko

I. Für wen wir dieses Buch schreiben

»Ein Suizid stiftet unendliches Leid. Über diese Trauer kommt man nie ganz hinweg – es gibt nur einen Weg: Zunächst einmal, sie zuzulassen, durchzugehen, es auszuhalten. Dann die Trauer Stück für Stück ins eigene Leben zu integrieren. Trauer endet nie – aber die offenen Wunden können vernarben.« Die Frau, die dies sagte, hatte fünf Jahre zuvor ihren Sohn durch Suizid verloren.

Etwa 10.000 Menschen nehmen sich jedes Jahr in Deutschland das Leben. 10.000 Mal erleben Angehörige und Freunde – durchschnittlich sind fünf bis acht Personen von einem Suizid unmittelbar betroffen – den Schmerz, dass sich ein geliebter Mensch für den Tod entschieden hat. Ein Suizid ist immer unfassbar und schockierend. Die Hinterbliebenen müssen eine der größten Herausforderungen ihres Lebens bewältigen. An sie richtet sich dieses Buch. Wenn in der Öffentlichkeit über Suizid gesprochen wird, geht es meist um Prävention, selten um die Hinterbliebenen. Seit vielen Jahren erforschen Ärzte, Psychologen und Wissenschaftler die Hintergründe und Beweggründe von Suizidanten. Sie entwickeln Medikamente, die das Schlimmste verhindern sollen. Trotz vieler Ergebnisse, Therapien und Möglichkeiten wissen wir über Suizid immer noch zu wenig. Oft kann er nicht verhindert werden. Der Mensch, der sich das Leben genommen hat, hat nur noch diesen einen Ausweg gesehen.

Aus der Präventionsarbeit für Suizid wissen wir, dass es Menschen gibt, die stärker gefährdet sind als andere. Das ist gut und sinnvoll, um besser vorbeugen zu können. Aber es gibt auch die Menschen, die nicht so auffällig sind, dass sie als »gefährdet« angesehen werden. »Wir haben nichts gemerkt.« – »Es ist ohne Vorankündigung passiert.« – immer wieder hören wir solche Aussagen von Angehörigen.

Wir, das sind Nicole Rinder und Florian Rauch. Gemeinsam leiten wir ein Bestattungshaus in München mit einem ganzheitlichen Konzept, das auf die individuellen Bedürfnisse der Hinterbliebenen eingeht. Durch jahrelange Erfahrungen wissen wir, wie wichtig es ist, der Trauer genügend Zeit und Raum zu geben und Trauernde aktiv an der Gestaltung des letzten Festes zu beteiligen. Nicole Rinder selbst erlebte den Suizid ihres Bruders und weiß, wie es ist, wenn man deshalb trauert. Durch unsere besondere Art zu arbeiten durften wir in den letzten Jahren viele Hinterbliebene nach einem Suizid begleiten. Die Offenheit, die uns die Betroffenen entgegenbringen, berührt und bewegt uns. Sie zeigt uns immer wieder, was ein Suizid in einer Familie anrichtet.

Wir werden in diesem Buch nicht beschreiben, warum sich Menschen das Leben nehmen. Trotzdem werden wir immer wieder Erklärungen von Betroffenen streifen, warum sie denken, dass sich ihr Sohn, ihre Mutter, ihre Oma, ihr Vater getötet haben. Die Frage nach dem Warum macht einen großen und wichtigen Teil im Trauerprozess aus: Warum hast du uns das angetan? Warum nur hast du nichts gesagt? Warum hast du dir nicht helfen lassen? Die meisten Hinterbliebenen kämpfen nach einem Suizid auch mit der Frage, was sie selbst hätten tun können, um die Selbsttötung zu verhindern. Aus der Trauerforschung ist bekannt, dass die Kombination von Trauer und Schuldgefühlen sehr schwer zu ertragen ist. Eine Erklärung dafür ist sicherlich, dass der Suizid mit Scham verbunden und nach wie vor ein Tabuthema ist. Deshalb verschweigen Betroffene oft die Todesursache.

Wir möchten dem Tabuthema Suizid offen begegnen und den Hinterbliebenen eine Stimme geben. Es gibt zu viele Selbsttötungen, um das Thema zu ignorieren. Unser Buch richtet sich an die, die weiterleben müssen mit einem Suizid. Es geht uns um die Menschen, die von heute auf morgen mit Schmerz, Leid und Trauer leben müssen. Denn die Hauptlast tragen die Hinterbliebenen – ihr Schmerz ist unendlich.

Ein Suizid fordert jeden Einzelnen auf das Äußerste heraus. Und doch verfügen wir Menschen über viele Ressourcen, um mit dem Erlebten umgehen zu können. Unser Buch will dazu beitragen, dass sich Betroffene nach einem Suizid besser verstehen und anders mit dem Erlebten umgehen können. Hilfreich dafür können Übungen sein, die teilweise aus Imaginationen, also Fantasiebildern bestehen. Dichter wussten schon immer um die Kraft der Bilder. Die Sonne in der Seele, so nannte es Paracelsus, sei die Imagination. Eine sichtbare und unsichtbare Werkstatt besitze der Mensch – das wären einmal der sichtbare Körper und zum anderen seine unsichtbare Imagination. Wir bieten einige Ansichten und heilsame Imaginationen an, die wir aufgegriffen und auf unsere Arbeit bezogen haben. Mit diesen Imaginationen können Sie in sich eine Welt entstehen lassen, die von guten und heilen Bildern geprägt ist. So schaffen wir eine Gegenwelt zur Alltagswelt, die uns eher belastet und die vielleicht von Schreckensbildern geprägt ist.

Wir werden immer wieder auf den für uns »wirklichen Abschied« eingehen. Das heißt, dass Trauernde den Verstorbenen nochmals sehen. Das ist unserer Philosophie nach notwendig für eine lebensfördernde Trauer. Wir wünschen uns, dass Menschen, die mit Suizidhinterbliebenen in Berührung kommen, diesbezüglich umdenken. Daher schildern wir immer wieder Begleitungen, wo uns das geglückt ist. Das nimmt Menschen hoffentlich die Angst davor. Mit Ausnahme der Geschichte von Nicole Rinder sind alle Erzählungen über unsere Begleitungen so geändert worden, dass die beteiligten Personen für Dritte nicht mehr erkennbar sind.

Wenn Sie dieses Buch als Hinterbliebener eines Suizids in Händen halten, hoffen wir, dass wir Sie in Ihrer Trauer unterstützen können, damit Sie einen Weg in der Trauer finden, die Dankbarkeit für das Gewesene und den Schmerz über das Verlorene irgendwann versöhnt in sich tragen und spüren können.

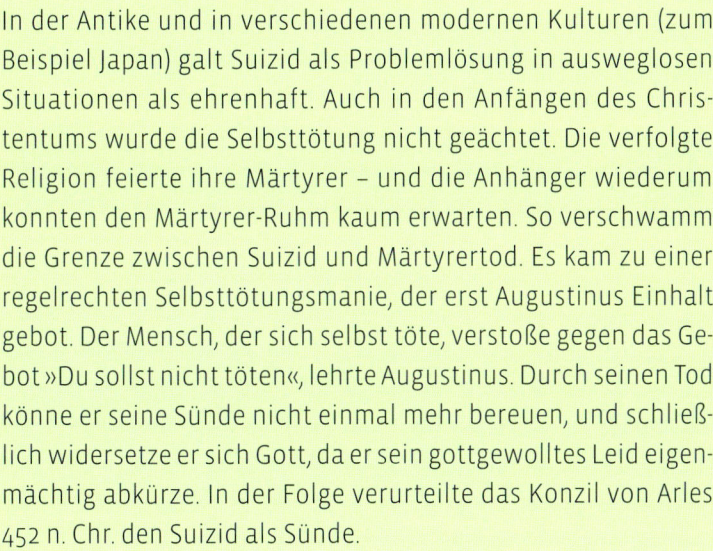

Begriffsbestimmung

In der Antike und in verschiedenen modernen Kulturen (zum Beispiel Japan) galt Suizid als Problemlösung in ausweglosen Situationen als ehrenhaft. Auch in den Anfängen des Christentums wurde die Selbsttötung nicht geächtet. Die verfolgte Religion feierte ihre Märtyrer – und die Anhänger wiederum konnten den Märtyrer-Ruhm kaum erwarten. So verschwamm die Grenze zwischen Suizid und Märtyrertod. Es kam zu einer regelrechten Selbsttötungsmanie, der erst Augustinus Einhalt gebot. Der Mensch, der sich selbst töte, verstoße gegen das Gebot »Du sollst nicht töten«, lehrte Augustinus. Durch seinen Tod könne er seine Sünde nicht einmal mehr bereuen, und schließlich widersetze er sich Gott, da er sein gottgewolltes Leid eigenmächtig abkürze. In der Folge verurteilte das Konzil von Arles 452 n. Chr. den Suizid als Sünde.

Die religiöse Ächtung des Suizids dauerte bis ins 20. Jahrhundert. Suizidtote durften nicht innerhalb des geweihten Friedhofes beerdigt werden, weil sie als »Besessene« oder »Jünger des Teufels« galten, deren Seelen fortan ruhelos umherirrten. Erst 1983 schaffte die katholische Kirche für ihre Priester das Verbot ab, Menschen zu beerdigen, die Suizid begangen hatten.

Der Begriff Suizid (lat. *sui caedere* = sich töten) wird oft synonym verwandt mit den Begriffen Selbstmord, Freitod und Selbsttötung. Diese Gleichsetzung ist nicht gerechtfertigt.

Selbstmord

Der Begriff »Selbstmord« enthält das Element »Mord« – juristisch definiert als eine besonders verwerfliche Form der Tötung. Im Unterschied zum Totschläger handelt der Mörder beispielsweise heimtückisch, grausam oder aus niedrigen Beweggründen. Die Bezeichnung »Selbstmord« bringt daher eine ächtende Einstellung zur Tat zum Ausdruck. Der Begriff verstärkt die Tabuisierung des Suizids und seine gesellschaftliche Ächtung.

Freitod

Ebenso problematisch, allerdings in entgegengesetzter Richtung, ist die Bezeichnung »Freitod«. Der Begriff wird oft in bewusster Abgrenzung zum herabsetzenden »Selbstmord« verwendet und betont die freie Willensentscheidung, die hinter der Selbsttötung steht. Aus medizinischer Sicht lässt sich fragen: Gibt es wirklich eine freie, rein rationale Entscheidung, die den Freitod auszulösen vermag? Wohl nur in sehr seltenen Fällen, denn einem Suizid zugrunde liegen oftmals behandlungsbedürftige Symptome wie eine Depression, psychische Störungen oder andere schwere Krankheiten, bei denen der Betroffene nur noch diesen Weg sieht und das Leben nicht länger aushalten kann. Und wer krank ist, entscheidet sich nicht völlig frei.

Suizid/Selbsttötung
Der Begriff Suizid und seine deutsche Entsprechung Selbsttötung beschreiben den Vorgang und das Ergebnis ohne Wertung. Wir verwenden in unserem Buch – sofern wir nicht zitieren – ausschließlich diese Bezeichnungen.

II. Suizid!

Der Schock

Der Tag, an dem es Nicoles Familie traf

Der Anruf kam nachts um halb zwölf. Es war die Nacht vom 29. Mai 2008, einem Donnerstag. Ich wusste beim ersten Klingeln, dass der Anruf Unheil bringen würde. Es klingelte auf meinem privaten Festnetzanschluss. Diese Nummer haben nur meine engsten Familienmitglieder und besten Freunde. Niemand von denen hätte mich ohne schwerwiegenden Grund so spät noch angerufen.

Das Läuten hörte nur kurz auf, dann begann es an meinem privaten Handy von neuem. Meine Mutter war dran. Noch heute habe ich ihre zittrige Stimme im Ohr. Sie sagte nur einen Satz: »Der Thorsten ist tot.« Der kurze Satz hat sich in mein Gedächtnis eingebrannt. Bis heute höre ich ihn innerlich immer wieder, ganz langsam und deutlich. Ich habe eine Schwester und einen Bruder. Thorsten ist mein Bruder. Was redet meine Mutter da?, fragte eine Stimme in meinem Inneren.

Meine Mutter wiederholte: »Der Thorsten ist tot.« Mir riss es den Boden unter den Füßen weg. »Er hat sich umgebracht.«

Ich fühlte mich, als ob eine Lawine über mich hinwegrollte. Die Lawine riss in Sekunden alles mit, was mir bis dahin sicher erschienen war. Alles in mir schrie: »Nein!« Tausend Fragen. Keine Antworten.

Meine Mutter sagte: »Ich weiß nicht. Sein Nachbar hat angerufen. Er hat nur geweint. Er gab mir eine Telefonnummer. Was sollen wir denn jetzt machen? Vielleicht stimmt es ja gar nicht.«

Auch ich wollte noch nicht daran glauben, dass mein Bruder sich getötet hatte. Ich versprach meiner Mutter, die Telefonnummer anzurufen. Seit diesem Tag überkommt mich immer ein ungutes Gefühl, wenn mein Handy spät abends klingelt – und gleichzeitig ist es seitdem auch stets in meiner Nähe.

Tausendmal hatte ich Menschen in so einer Situation zur Seite gestanden. Tausendmal war ich ruhig und fürsorglich geblieben, hatte diese Menschen in ihrem Schock unterstützt, ihnen geholfen, das Richtige

zu tun. Jetzt war ich selbst dran. Ich wusste: Meine Mutter darf jetzt nicht alleine sein – sie wohnte aber am anderen Ende der Stadt. Ich wusste: Ich muss die Nummer anrufen, um herauszufinden, ob die Nachricht stimmt. Und ich wusste, dass ich zunächst einmal selber einen klaren Gedanken fassen musste.

Ich setzte mich. Ich atmete ein paar Mal tief durch, bis mein Herzschlag wieder ruhiger wurde. Tränen liefen über mein Gesicht, sie wollten gar nicht mehr aufhören. Dann machte sich langsam diese unendliche Leere in mir breit, die ich schon einmal gespürt hatte: beim Tod meines Sohnes Leon-Paul, der kurz nach der Geburt gestorben war. Ich starrte auf die lange Nummer auf dem Zettel. Es war die Nummer der Kriminalpolizei in Berlin.

Nicht wahrhaben wollen

»Von einer Sekunde zur anderen war nichts mehr, wie es war. In meinem Kopf drehte sich immer wieder der gleiche Satz: ›Es ist nicht wahr, es ist nicht wahr …‹« Das sagte eine Frau, deren Ehemann sich erhängt hatte. Typisch für den ersten Moment ist eine auf den ersten Blick widersprüchliche Reaktion: Einerseits haben die Betroffenen eine besonders scharfe und klare Wahrnehmung der Situation – sie spüren schon beim ersten Klingeln des Telefons, dass der Anruf Unheil bringt, sie sehen deutlich, dass dem

Verstorbenen nicht mehr zu helfen ist. Auf der anderen Seite wollen sie das Geschehene noch nicht wahrhaben und klammern sich an irrationale Hoffnungen – vielleicht kann ein Arzt den geliebten Menschen doch noch retten, vielleicht erweist sich alles als ein Irrtum.

Nach einem Suizid befinden sich Hinterbliebene, die eine enge Bindung zu dem Verstorbenen hatten, zunächst in einem Schockzustand. Die Nachricht kommt wie aus dem Nichts und reißt sie mit aller Wucht aus dem Alltag. Der Tod bricht mit Gewalt in die Wirklichkeit ein. Er zerschlägt das gewohnte Spiegelbild in Tausende Splitter, die sie in den kommenden Wochen und Monaten mühsam wieder zusammensetzen müssen. In vielen Fällen überwältigt eine Todesnachricht die Betroffenen schon bei einer natürlichen Todesursache. Die Wirkung ist noch stärker, wenn der Verstorbene den Tod selbst herbeigeführt hat. Alles wird in Frage gestellt, was bisher als sicher erschien.

»Das ist nicht wahr – nein, es ist nur ein Albtraum!« Wer einen Menschen verliert, dem zieht es von einer Sekunde auf die andere den Boden unter den Füßen weg. Immer wieder hören wir Sätze wie diese: »Ich glaubte, ins Endlose zu fallen.« »Ich stand neben mir und sah mich selbst wie in einem Film, als wäre es gar nicht ich.« Und so schildern viele ihre Reaktionen auf eine Todesnachricht: »Da standen Menschen vor mir, die wie durch Watte gedimmt mit mir sprachen. Kein Wort kam wirklich bei mir an.«

Panik, Leere, Hoffnungslosigkeit und ein abgrundtiefer Schmerz erfassen den Betroffenen: »Es war, als würde mir das Herz herausgerissen.« In diesem Schockzustand ist niemand in der Lage, Entscheidungen zu treffen. »Es war ein Stich tief ins Herz. Ein Schmerz, der mir den Atem nahm.« Es ist wie ein »Blackout« nach einem Blitzeinschlag. Und genau so beschreiben es Betroffene immer wieder: »Es traf mich wie ein Blitz.«

Dieser Schockzustand hält bei jedem Menschen unterschiedlich lange an; er ist umso dramatischer, wenn der Verstorbene sich selbst getötet hat.

Sandra ist tot

Ich war zu Hause auf dem Sofa nach einem langen Arbeitstag in einen tiefen Schlaf gefallen, als gegen 23 Uhr das Telefon klingelte. In der ruhigen Wohnung klang das Läuten wie ein Alarm. Ich versuchte, dem Klingeln zu entfliehen und weiterzuschlafen, doch es hörte nicht auf. Bei mir ruft nach 20 Uhr nie jemand an. Alle meine Freunde wissen, dass ich früh ins Bett gehe. Ich habe genau gespürt: Das ist nichts Gutes.

Da das Telefon nicht aufhörte zu läuten, ging ich schließlich doch dran. Ich hörte nur Schluchzen. Bitteres, verzweifeltes Schluchzen. Ich sagte: »Hallo, wer ist denn da?«

Da kam der Satz: «Es ist etwas Furchtbares passiert.« Und wieder ein völlig aufgelöstes Schluchzen, wie ich es noch nie gehört hatte. Langsam begriff ich, dass ich die Stimme der Mutter des Freundes meiner Tochter hörte. Sandra, meine Tochter, war ein paar Wochen zuvor mit ihren 24 Jahren bei mir ausgezogen, um mit ihrem Freund Raphael in Hannover ein neues Leben zu beginnen. Ich befürchtete, es sei etwas mit Raphael passiert: »Bitte, Renate, nun sag doch, was ist denn los?« Nur Schluchzen.

Mir kam der Gedanke, dass beiden etwas zugestoßen sein musste. Vielleicht hatten Sandra und Raphael einen Unfall gehabt und lagen beide im Krankenhaus. Sie wiederholte nur: »Es ist etwas Furchtbares passiert, was Furchtbares.« Tausend Dinge schossen mir durch den Kopf. Noch einmal drängte ich: »Nun sag doch endlich, was los ist!«

Es ging nicht um Raphael. Es ging um Sandra. Raphael hatte seine Mutter angerufen und sie gebeten, mir die Nachricht zu überbringen, weil er nichts mehr sagen konnte. Und jetzt sagte Maria diese drei Worte, die sich bei mir eingebrannt haben und die ich nie vergessen werde: »Sandra ist tot!«

Drei Worte. So irreal. So unfassbar. Das kommt zunächst gar nicht an. Dann immer mehr. Und dann knallt es wie ein Blitz durchs Bewusstsein. »Sandra ist tot!« In diesen Sekunden verändert sich alles. Das ganze Leben wird auf den Kopf gestellt. Das sind Gefühle, die einen ins Bodenlose reißen. Niemandem, der so etwas noch nie durchlitten hat, kann man die Intensität vermitteln, mit der einen dieses Gemisch aus Angst, Verzweiflung, Verwirrung, Lähmung und absoluter Leere von einer Sekunde auf die andere erfasst.

Mein erster Gedanke war: Ich schlafe noch, ich träume. Ja, ich träume! Ich wache gleich auf, gleich werde ich aufwachen, bitte, lass mich aufwachen. Aber aus diesem Albtraum gibt es kein Erwachen. Bis heute. Denn aus dem Hörer, den ich jetzt kraftlos aus der Hand fallen ließ, weinte Raphaels Mutter weiter: »Die Sandra ist tot, die Sandra ist tot ...«

Dann wurde ich klar im Kopf. Ich war plötzlich ganz ruhig. Ich sagte entschieden: »Das kann nicht sein.«

»Doch.«

»Nein.« Auch Raphaels Mutter wurde mit einem Mal ruhig: »Raphael hat eben angerufen. Es ist kein Irrtum. Deine Tochter ist tot.« Vom Treppenhaus hatte Raphael seine Mutter angerufen. Der ganze Wohnblock war in heller Aufregung. Die Feuerwehr stand mit einem Löschzug in der Straße. Feuerwehrleute, Polizisten, Kripo und die Leute von der Spurensicherung waren in der Wohnung, um die Todesursache festzustellen und Sandra zu bergen. Maria sagte: »Ich gebe dir jetzt eine Nummer der Kriminalpolizei in Hannover, ruf da an.«

»Wieso, wieso?«

»Sandra hat Tabletten genommen ... aber ich weiß auch nicht mehr ... Raphael hat nur geweint ... Du sollst die Kripo anrufen, die können dir dann alles sagen.«

Ich notierte fast schon geschäftsmäßig die Nummer, während Renate wieder zu weinen begann. Völlig abwesend sagte ich in den Hörer: »Renate, ich leg dann mal auf – ich muss noch Geschirr abspülen.«

Ich ging in die Küche. Da waren ein Teller und eine Tasse vom Abendessen. Ich ließ Wasser ins Spülbecken. Es war so heiß, dass ich mir die Finger verbrannte. Da dachte ich: Du bist doch wach – du musst doch wach sein, wenn es so wehtut? Etwas Ungeheuerliches war geschehen, und ich machte Abwasch. Heute weiß ich, dass mein Gehirn so reagierte, um den Schock und möglicherweise eine Ohnmacht zu verhindern. Ich brauchte diesen Augenblick, um mein Leben irgendwie festzuhalten, selbst wenn es an einer Tasse war.

Ich ging dann zurück ins Wohnzimmer. Völlig unfähig etwas zu tun, lief ich nur im Kreis herum. Erinnerungen, Bilder, Wortfetzen drehten sich

um mich, und die Welt stand still. Ich nahm den Zettel mit der Telefonnummer in die Hand. Ich fragte mich, ob ich meine andere Tochter
zuerst anrufen sollte oder die Nummer in Hannover. Ich war unfähig zu
jeder Entscheidung. Es müssen mindestens zwanzig Minuten in diesem
Zustand vergangen sein. Schließlich rief ich meine Tochter an. Sie sagte
mir später, dass sie genau wie ich schon beim Klingeln des Telefons das
Gefühl gehabt hatte, dass der späte Anruf nichts Gutes bedeute. Ich
erzählte ihr ganz sachlich vom Anruf von Raphaels Mutter. Nicht eine
einzige Träne kam mir in diesem Moment. Ich stand neben mir und
funktionierte. Ich dachte nun: Jetzt ist es ausgesprochen. Du hast es
über die Lippen gebracht, und damit muss es real sein. »Die Sandra
ist tot.« Was dann kam, habe ich nur noch lückenhaft in Erinnerung.
Jedenfalls bat ich meine Tochter, die Nummer der Kripo anzurufen.
Ich konnte es nicht tun. Ich wollte es nicht tun, ich wollte mir diesen
letzten Rest Hoffnung nicht selbst zerstören.

Damit aus Trauma Trauer wird

Das Wort »Trauma« wird mittlerweile bei vielen schlimmen Ereignissen verwendet. Mit Trauma ist gemeint, dass ein Mensch eine so schwere seelische Verletzung erlitten hat, dass diese von alleine nicht mehr heilt. Traumatisierte haben etwas erlebt, das große Angst, Entsetzen und Hilflosigkeit auslöst. Menschen, die mit dem Suizid eines Angehörigen konfrontiert werden, geraten in diese Art von Ausnahmezustand, innerlich wie äußerlich. Viele fühlen sich wie betäubt oder sind stark erregt.

Wir verwenden das Wort Trauma, weil die Bedeutung des griechischen Wortes »Wunde« und »Verletzung« ist. Die Hinterbliebenen eines Suizids tragen eine große Wunde in ihrem Herzen davon.

Am Morgen hat der Vater die Mutter zum Abschied geküsst und die Tochter zur Schule gebracht. Die Frauen sind Ehefrau und Kind – am Abend sind sie Witwe und Halbwaise. Ein solcher Tod verändert alles. Wir erleben seit vielen Jahren, wie Angehörige mit ihrer seelischen Wunde und dem damit verbundenen Schmerz zu uns kommen. Die Begleitung Hinterbliebener nach einem Suizid ist nicht die Gleiche wie bei einem natürlichen Todesfall.

Die Menschen, die wir begleiten dürfen, sitzen uns meist noch im Schock gegenüber. Ihre Reaktionen sind ganz unterschiedlich – einige weinen, manche sind aggressiv, andere stumm, einige nervös, manche wiederum wirken wie versteinert. Bei uns beginnt die Realität: Es geht darum, die Beerdigung des geliebten Verstorbenen zu organisieren. Hier sprechen manche zum ersten Mal aus, dass sich ein Angehöriger das Leben genommen hat.

Den meisten Menschen gelingt es, ihr »Trauma«, das Erlebte, gut zu integrieren, sie brauchen keine weitere Unterstützung. Angehörige eines Suizidenten haben es jedoch besonders schwer: Sie müssen sich nicht nur allein mit dem Verlust eines geliebten Menschen auseinandersetzen, sondern auch mit der Tatsache, dass der Verstorbene selbst den Tod herbeigeführt hat. Das wirft viele Fragen auf. Zu diesen Fragen kommen oftmals Schuldgefühle. Psychologen haben festgestellt, dass Angehörige nach einem Suizid einem hohen Maß an Stress ausgesetzt sind – vergleichbar mit Kriegsopfern und Überlebenden eines Konzentrationslagers. Ähnlich wie Kriegsopfer oder Holocaust-Überlebende entwickeln auch einige Suizid-Hinterbliebene eine Traumafolgestörung, die unter anderem zu einer Posttraumatischen Belastungsstörung (PTBS) führen kann. Diese Erkrankung ist sehr belastend. Wird sie rechtzeitig erkannt, kann sie jedoch gut behandelt werden.

Aus jahrelanger Erfahrung wissen wir, dass die Weichen, wie Trauernde mit einem Verlust umgehen, schon in den Tagen zwischen der Todesnachricht und der Bestattung gestellt werden können. In diesen ersten Tagen bietet sich die Chance, in einen Trauerprozess zu kommen, der nicht stagniert, sondern aktiv angegangen werden kann, damit die Wunden heilen können. Sie müssen gut versorgt werden, damit sie vernarben können.

ÜBUNG: STÄRKEORT

»Es kommt darauf an,
den Körper mit der Seele und die Seele durch den Körper zu heilen.«
(Oscar Wilde)

Diese Übung ist in zwei Bereiche aufgeteilt. Der erste Teil wird Sie an Ihren eigenen inneren Stärkeort bringen. Es ist sinnvoll, diesen Teil der Übung oft zu wiederholen und somit zu verinnerlichen, wie Sie mit innerer Unruhe und Anspannung umgehen können. Dieser Ort soll Sie stärken. Begeben Sie sich auf die Suche nach Ihrem persönlichen Ort, einer Oase des Wohlbefindens, in der Sie Schutz, Geborgenheit und Sicherheit finden werden. Es ist ein Ort, zu dem nur Sie den Weg wissen.

Hier, an diesem Ort, sind Sie völlig für sich. Sie können sich zurückziehen und Kräfte sammeln für alles, was ansteht und kommt. Sie gestalten sich diesen Ort selbst, und es ist egal, ob dieser Ort real ist, eine schöne Erinnerung an einen erlebten Urlaubstag oder ein Ort Ihrer Kindheit, ob Sie von diesem Ort irgendwo einmal gelesen oder Bilder gesehen haben oder ob er völlig Ihrer Fantasie entspringt. Sie lassen die aufkommenden Bilder zu und erlauben alles, was Ihnen guttut. Nehmen Sie sich Zeit. Entscheidend ist: Der Ort, der sich am Ende dieser Reise für Sie erschließt, soll für Sie immer wieder ein guter, sicherer Ort sein, damit er sich mit Ihrem Inneren verbindet, damit Sie das Äußere betrachten können.

Zeitaufwand:	mindestens 30 Minuten für die Suche, später reichen weniger Minuten
Schwierigkeits-grad:	gering
Grund:	Selbstfürsorge, Achtsamkeit für Ihr Köpererleben; schnelle Wirkung
Voraussetzungen:	Machen Sie es sich an einem ruhigen Platz ohne Telefon gemütlich. Sie sollten nicht sprechen müssen – nur ruhig atmen!
Ziel:	Einen Stärkeort in sich zu finden, um Ihren Trauerprozess zu reflektieren – die Übung gibt Ihnen Stabilität, damit Sie der Trauer einen neuen Ort geben und sie gehen lassen können

1. Schritt: Die Suche

Legen Sie sich entspannt hin, schließen Sie die Augen. Atmen Sie tief ein und aus. Spüren Sie, wo Sie mit Ihrem Körper den Boden berühren. Spüren Sie Ihren Rücken, den Kopf, die Arme, die Beine. Rücken Sie sich so lange zurecht, bis Sie bequem und entspannt liegen. Achten Sie auf Ihren Atem – ein und aus. Geben Sie sich so viel Zeit, wie Sie brauchen, bis Sie wirklich ruhig und entspannt sind.

Wenn Sie spüren, dass Sie entspannt sind, lassen Sie die Bilder kommen. Was sehen Sie? Eine Landschaft? Berge oder einen See? Ein Haus? Schauen Sie, was in Ihnen aufsteigt, und lassen Sie die Bilder zu, die Ihnen guttun. Kommen Orte, die Sie mit Schmerz verbinden, lassen Sie diese weiterziehen. Der Wohlfühlort soll ein Ort sein, in dem Sie sofort Sicherheit, Geborgenheit und innere Stärke spüren. Lassen Sie sich treiben, fangen Sie an zu gestalten, wenn Sie etwas entdecken, das Ihr Interesse oder Ihre Abenteuerlust weckt. Es sind Bilder, die Ihnen keiner nehmen kann – schließlich sind sie ein Teil von Ihnen. Indem Sie die Bilder zulassen, haben Sie schon einen sehr wichtigen Teil der Strecke zu Ihrem Wohlfühlort zurückgelegt. Lassen

Sie Ihrer Fantasie Raum – an dem Ort, den Sie suchen, ist alles möglich und alles erlaubt. Es ist ganz allein Ihr Ort. Sie werden staunen, wie viel Schönes und Gutes Sie noch auf dieser Reise zu sich – für sich – wiederentdecken werden. Es ist alles in Ihnen – Sie müssen das Schöne nur wieder zulassen. Allein die Suche wird in Ihnen etwas bewirken. Suchen Sie mit Ihrem inneren Auge nach den schönen, guten, kraftvollen Dingen, die Sie im Leben immer wieder vorwärtsbringen. Geben Sie sich die Zeit, bis Sie Ihren Ort gefunden haben und spüren, dass Sie sich rundum wohlfühlen. Sie werden merken, wenn es so weit ist. Vielleicht brauchen Sie ein Bett? Eine Wiese mit einer großen Kuscheldecke? Oder einen Baum, der Ihnen Schutz gibt? Spüren Sie in sich hinein, wie allein Ihr Ort aussehen kann, der Ihnen Sicherheit, Geborgenheit und Kraft gibt. Lassen Sie sich nicht entmutigen, wenn es länger dauert – genießen Sie dann einfach Ihre Reise und die entstehenden Bilder.

2. Schritt: Die Entdeckung

Wenn Sie diesen Ort gefunden haben und sich ein wenig umschauen, was fehlt noch? Welche Dinge müssen dort sein, die Ihnen in der Vergangenheit immer gutgetan und Kraft gegeben haben? Ist es die Lieblingsmusik? Ein Buch? Ein bestimmter Geruch, der Sie an Schönes erinnert und der Ihr Herz aufblühen lässt? Finden Sie Symbole oder Gegenstände für das, was Ihnen in schweren Zeiten Kraft gibt. Lassen Sie sich Zeit dafür. Vielleicht sind es Worte? Ein Gedicht? Wenn Sie Ihren Stärkeort gefüllt haben mit allem, was Sie brauchen, um gut aufgestellt zu sein, wenn es mal wieder schwieriger wird, geben Sie Ihrem Ort einen Namen. Oder, falls Ihnen das eher zusagt, ein Symbol. Eine Muschel, ein Stein oder ein Tuch? Eine Farbe, die Ihren Ort symbolisiert?

Horchen Sie in sich, welche Gedanken kommen. Lassen Sie sich Zeit. Der passende Name oder ein Symbol ist bedeutsam. Später wird Ihnen allein die Nennung dieses Namens oder Symbols helfen, das Wohlgefühl und die Sicherheit wieder aufzurufen, die der Stärkeort für Sie ausstrahlt.

Wenn Sie Ihrem Ort einen Namen geben, schreiben Sie ihn auf eine Karte. Diese Karte oder das Symbol für Ihren Stärkeort stellen Sie an einen sichtbaren Platz – vielleicht passt sie oder es auch in die Hosentasche oder in die Geldbörse. Sobald Sie spüren, dass Sie Ihre Trauer für einige Tage oder Stunden loslassen möchten, betrachten Sie Ihre Karte oder nehmen das Symbol in die Hand und gehen innerlich an Ihren Ort. Holen Sie sich dort Ihr Gefühl von Geborgenheit, Sicherheit und Kraft. Je öfter Sie diese Übung machen, desto schneller und einfacher gelingt es Ihnen, an Ihren Ort zu gehen. Bedenken Sie immer, Ihr Ort ist ein wertvolles Gut. Hier können Sie spüren, wie es sich anfühlt, mit liebevoller Trauer zu dem geliebten Menschen leben zu dürfen. Gehen Sie sorgsam und voller Dankbarkeit mit dem Wohlgefühl um, sobald Sie Ihren Stärkeort gefunden haben. Mit diesem Gefühl des Glücks und der Leichtigkeit kehren Sie langsam wieder in Ihren Alltag zurück. Es wird Sie durch die nächsten Tage tragen.

Papa hat sich erschossen

Mein Vater und ich (Roland) hatten schon immer ein gutes Verhältnis. Das Verhältnis wurde noch enger, als meine Mutter vor fünf Jahren an Krebs starb. Mein Vater war immer sehr abhängig von meiner Mutter gewesen.

Ein Leben ohne sie konnte er sich schlicht nicht vorstellen. Meine Frau und ich unterstützten ihn, wo es nur ging. Wir zogen sogar ins gemeinsame Familienhaus, damit wir ihm im Alltag nahe waren. Mein Vater konnte den Verlust seiner Frau nicht verwinden und trauerte sehr. Erst als zwei Jahre später unser Sohn Paul auf die Welt kam, schien er als Opa neuen Lebensmut und Sinn zu finden. Die beiden wurden ein Herz und eine Seele. Ohne Opa fand das Leben nicht mehr statt. Es gab ein gemeinsames Frühstück, Opa brachte die Tageszeitung mit, und der Tag begann zu viert. Meine Frau und ich konnten uns beruflich frei bewegen, während Paul bei Opa in guten Händen war.

Dann kam der Tag, der unser Leben veränderte. Paul war im Kindergarten, und ich hatte an diesem Tag frei. Ich sagte zu meinem Vater, dass ich einige Dinge zu erledigen hätte und gegen Mittag wieder da wäre. Er sagte, er habe im Garten zu tun und sei beschäftigt. Als ich gegen Mittag nach Hause kam, war der Garten unberührt und keine Spur von meinem Vater zu sehen. Ich dachte, er habe sich noch einmal

hingelegt. Unser Haus hatte zwei getrennte Wohnbereiche. Durch die Verbindungstür ging ich in seinen Hausteil.

Als ich die Treppe hinaufstieg, sah ich seine Beine am Boden. »Oh Gott, es ist was passiert. Ein Herzinfarkt!«, ging es mir durch den Kopf. Ich sprang die letzten Stufen hoch und schaute um die Ecke. Sein Kopf lag in einer Blutlache, eine Waffe lag neben ihm. Im Taumel rannte ich nach unten und rief den Notarzt. In meinem Inneren spürte ich den Drang, ihn noch zu retten. Zugleich war meinem Verstand völlig klar, dass kein Arzt der Welt mehr etwas für meinen Vater tun konnte. In wenigen Minuten war unser Haus voller Menschen. Polizei, Feuerwehr, Rettungsdienst. Sie stellten mir unglaublich viele Fragen. Ich antwortete wie eine Maschine und fühlte mich wie in einem Film. Diese Menschen machten ihre Arbeit. Keiner schien mir schockiert oder zumindest berührt. Sie steckten im Alltag – ich im Albtraum. Fragen über Fragen gingen durch meinen Kopf: Warum hat er das getan? War nicht alles wieder gut gewesen? Und Paul? Hat er nicht einmal an seinen Enkel gedacht?

Ich wollte meinen Vater noch einmal sehen und bat darum, zu ihm zu dürfen. Man ließ mich nicht durch. Ich kam mir vor wie ein Verbrecher. Schließlich teilte man mir mit, er werde nun in die Rechtsmedizin gebracht. Der Gedanke war kaum auszuhalten. Es war doch alles eindeutig. Warum taten sie das meinem Vater an?

Die ersten Stunden – Polizeiliche Ermittlungen

Entsetzte Schilderungen vom Ablauf nach einem Suizid hören wir immer wieder. Bevor die Angehörigen begreifen, was passiert ist, sehen sie sich der Kriminalpolizei gegenüber und müssen Fragen beantworten. Wer dann noch das Unglück hat, auf unsensible Mediziner, Beamte oder Bestatter zu treffen, erleidet möglicherweise eine zusätzliche Belastung.

Wenn ein Mensch sich das Leben genommen hat, wird immer die Kriminalpolizei informiert. Sie muss sicherstellen, dass kein Tötungsdelikt vorliegt. Der Tote wird beschlagnahmt. Er wird »Eigentum« der Staatsanwaltschaft. Das ist für viele Familien eine sehr belastende Situation. Dazu kommt, dass sie nicht zu ihrem Verstorbenen dürfen. Die Auffindesituation soll möglichst unberührt bleiben, bis die Kriminalpolizei sich ein Bild verschafft hat. Die Beamten beauftragen dann einen Bestatter vor Ort damit, den Verstorbenen vom Sterbeort zur Rechtsmedizin zu bringen. Für alle weiteren Schritte können die Angehörigen den Bestatter frei wählen.

In der Rechtsmedizin bleibt der Verstorbene so lange, bis der Staatsanwalt entschieden hat, ob er obduziert wird oder nicht. Dem Staatsanwalt werden die Papiere der Polizei vorgelegt, und anhand dieser Schilderungen muss der Staatsanwalt über die Obduktion entscheiden. Das dauert je nach Stadt unterschiedlich lang – manchmal wird schon innerhalb eines Tages entschieden, in anderen Fällen dauert es bis zu sieben Tage. Auch die Entscheidung über eine Obduktion fällt ganz unterschiedlich aus. Nicht jeder Suizident wird obduziert, allerdings ordnet der Staatsanwalt die Obduktion in den meisten Fällen an.

Für einige Familienmitglieder ist das eine schlimme Vorstellung. Andere nehmen es so an, wie es ist. In dem Zeitraum, in dem ein Verstorbener beschlagnahmt bleibt, hat ein Angehöriger keinerlei Recht, über ihn zu bestimmen. Immer wieder drehen sich danach die Fragen um den Abschied. Viele sind davon überzeugt, dass es für sie zu schockierend wäre, den Toten nach einer Obduktion noch einmal zu sehen. Dem ist nicht so: Die Obduktionsnarben können gut versorgt und abgedeckt werden, verändern also den geliebten Menschen nicht.

Die rechtlichen Vorgaben für eine Leichenschau bei Suizid-Toten

Bei einem Todesfall mit ungeklärter Todesursache sehen die Bundesländer bestimmte Schritte vor – jedes Bestattungsgesetz ist unterschiedlich in den verschiedenen Bundesländern:

- Wird ein nicht natürlicher Tod vermutet, d.h. nicht krankheits- oder altersbedingte innere Ursachen, muss unverzüglich die Polizei gerufen werden.

- Diese Veranlassungsverpflichtung besteht für Verwandte, Personensorgeberechtigte, Betreuer und den Notarzt.

- Die Polizei ruft den amtlich bestellten Leichenschauer.

- Bis zur Leichenschau durch den Arzt darf die Leiche nicht bewegt werden (Veränderungsverbot).

- Der Leichenschauer muss die Leichenschau an dem vollständig entkleideten Verstorbenen durchführen. Anschließend entscheidet er, ob ein nicht-natürlicher-Tod vorliegt und der Verstorbene somit beschlagnahmt wird.

- Die Polizei verständigt die Kriminalpolizei, dass ein Fremdverschulden ausgeschlossen werden kann.

- Eröffnung des Strafverfahrens – wenn vom Staatsanwalt angeordnet, wird eine Obduktion in der Gerichtsmedizin durchgeführt .

- Dann wird die Todesbescheinigung ausgestellt; sie umfasst einen vertraulichen Teil für das Gesundheitsamt und einen nicht vertraulichen Teil für die Beurkundung. Beides ist beim Standesamt abzugeben.

- Die Polizei händigt dem zuständigen Bestatter die Freigabe für den Leichnam durch die Staatsanwaltschaft aus. Erst dann kann der Bestatter tätig werden.

Auf einen Blick

- Die Nachricht vom Tod eines Angehörigen versetzt viele Menschen in einen Schockzustand. Bei Hinterbliebenen von Menschen, die sich selbst getötet haben, ist dieser Schockzustand besonders häufig und oft auch schwerer als bei natürlichen Todesfällen.

- Charakteristisch für den Schockzustand ist, dass man das Geschehene nicht wahrhaben will, und die Unfähigkeit, Entscheidungen zu treffen.

- Der plötzliche, gewaltsame Tod des geliebten Menschen verwundet den Hinterbliebenen seelisch. In manchen Fällen wird aus dem Trauma eine behandlungsbedürftige Erkrankung. In den meisten Fällen schaffen es die Betroffenen, das Erlebte zu einem Teil ihres Lebens zu machen, ohne daran zu zerbrechen.

- Wichtig für den Trauerprozess ist es, sich bewusst vom Verstorbenen zu verabschieden und sich auf den Weg der Trauer einzulassen. Die Weichen dafür können schon in den ersten Tagen nach dem Tod gestellt werden.

- Nach einer Selbsttötung müssen bestimmte Vorschriften eingehalten werden, was für die Hinterbliebenen oft schwer zu akzeptieren ist. Es hilft in dieser Situation, wenn man die Vorschriften und eigenen Rechte kennt.

Die Wahrheit sagen

»Papa! Der Thorsten ist tot.«

*Als ich mit der Kriminalpolizei in Berlin telefonierte, um bestätigt zu be-
kommen, dass mein Bruder tot ist, waren meine Mutter und der Partner
meiner Schwester bei mir zu Hause angekommen. Meine Schwester war
zu diesem Zeitpunkt nicht in München und wir wollten es ihr persönlich
am nächsten Tag sagen. Ich sprach mit dem Kriminalbeamten sehr ruhig
und stellte alle Fragen, die mir wichtig erschienen. Wie hat er sich das
Leben genommen? Hat er einen Abschiedsbrief hinterlassen? Darf seine
Freundin zu ihm? Wann wird er freigegeben und wann dürfen wir ihn
holen? Ich schrieb alles auf, ohne mir irgendwas zu merken. Anschließend wiederholte ich alles für meine Mutter und den Freund meiner
Schwester. Uns allen drei liefen die Tränen übers Gesicht. Wir waren ganz
leise, weinten still und schluchzten. Ein großer, tiefer Schmerz erfüllte die
Wohnung. Ich dachte daran, dass ich ihn nun nie mehr anrufen konnte,
nie mehr seine Stimme hören würde. Jemand musste es meinem Vater
sagen. Es war nun 3 Uhr und wir überlegten, ob wir bis zum Morgen
warten sollten. Doch wir waren uns einig, dass er als Vater das Recht
hatte, es sofort zu erfahren. Das Telefon läutete nur wenige Male, und
schon hörte ich die Stimme meines Vaters. Ich sagte nur: »Papa! Der
Thorsten ist tot! Er hat sich das Leben genommen.«
Mein Vater schrie laut auf: »Nein, nein, nein! Das kann nicht sein!
Wo ist er? Was hat er gemacht? Nein, mein Thorsten .... Das ist nicht
passiert.«
Wir weinten alle zusammen, der Schmerz umhüllte uns mit seiner
ganzen Macht. Langsam wurde das laute Weinen zu einem leisen
Schluchzen, und ich sagte, dass ich mich wieder melden würde, sobald
es Neuigkeiten gäbe.
Am nächsten Morgen rief mein Vater an und fragte, ob es nicht doch
ein Unfall gewesen sei. Ich erklärte ihm, dass Thorsten sich in der Küche
vergiftet hatte. Er saß auf einem Stuhl, um die giftigen Gase einzu-*

atmen. Das war kein Unfall. Ich wurde unglaublich wütend über seinen Versuch, die Wahrheit zu verdrängen.

Die Wahrheit ist, dass mein Bruder diesen grausamen Entschluss gefasst hat. Ganz alleine. Ohne die Konsequenzen für uns alle zu ermessen. Er hat einen Abschiedsbrief hinterlassen. Darin stand, er wisse, dass wir alle stark seien und es schaffen würden. Er hat also bei seiner Entscheidung an uns gedacht. Dennoch bin ich überzeugt: Er hat die Wucht seines Suizides unterschätzt. Wie ein Tsunami, ungebremst, plötzlich und ungefragt, überrollte er unser Leben. Unser Leben gibt es jetzt nur noch ohne ihn: Jeder Geburtstag, jeder Urlaub, jedes Weihnachten, jedes Fest findet ohne ihn statt. In mühsamer Kleinstarbeit baue ich das Ohne-Thorsten-Leben zusammen. Es hat mit meinem alten Leben nichts zu tun.

Mit etwas Abstand konnte ich meinen Vater verstehen. Er versuchte sich zu schützen. Der Suizid nimmt einem die Sprache. Viele Menschen – darunter wohl auch mein Vater – empfinden Scham und fürchten die Reaktionen des Umfelds. Das ist vielleicht der Hauptgrund, warum einige Angehörige einen Suizid zu einem Unfall erklären. Bei einem Unfall erlebt man eine Welle von Mitleid. Der Verstorbene konnte ja nichts dafür. Den Tod durch Suizid jedoch hat er selbst gewählt.

Ein gesellschaftliches Tabu

Manchmal machen Betroffene sogar uns Bestattern gegenüber ein Geheimnis aus der Todesursache. Oftmals spüren wir, dass es ein Suizid sein könnte, und liegen damit richtig. Die Hinterbliebenen schaffen es nicht einmal uns gegenüber, die Todesursache Selbsttötung auszusprechen. So groß sind Scham und Leugnung. Der Suizid ist auch heute noch ein gesellschaftliches Tabu. Möglicherweise liegt es an der jahrhundertelangen Verurteilung des Suizids als Todsünde. In dieser Geisteshaltung waren Hinterbliebene nicht Menschen, die Leid und Schmerz ertragen, sondern Angeklagte. Sie galten als mitschuldig, weil ein Angehöriger sich das Leben genommen hatte. Die Trauernden wurden gemieden. Das geschieht sogar heute noch. Der Suizident war ein Sünder, sein Leid und seine Verzweiflung wurden erst recht nicht gesehen.

»Die Einsamkeit bringt mich noch um.«

Wir leben auf einem Dorf. Seit mein Mann sich das Leben genommen hat, gehen mir viele aus dem Weg. Sie versuchen das alle sehr unauffällig. Sie wechseln die Straßenseite oder tun beim Einkaufen so, als würden sie mich nicht sehen. Aber für mich ist es mehr als augenfällig. Gute Bekannte, mit denen ich früher oft ein Schwätzchen hielt, haben mich schon seit Monaten immer »zufällig« übersehen. Menschen, die ich für Freunde hielt, rufen nicht mehr an und scheinen auch sonst unauffindbar.

Ich habe das Gefühl, dass ich doppelt bestraft werde. Den Tod meines Mannes zu verarbeiten, ist schon schwer genug. Ich würde so gerne über ihn reden. Aber niemand spricht mich an. Dabei war er mit vielen jahrzehntelang befreundet. Hat sich das in nichts aufgelöst, nur weil er tot ist? Diese Einsamkeit wird mich auch noch umbringen.

Mein Mann hat sich auf unserem Hof erschossen. Manchmal wünschte ich, ich hätte erzählt, er habe beim Reinigen der Waffe einen Fehler gemacht und sein Tod sei ein Unfall gewesen.

Verheimlichen macht alles noch schlimmer

Versetzt man sich in die Lage der Hinterbliebenen, kann man sich vorstellen, wie sehr es entlastet, von einem tragischen Unfall statt von einem Suizid zu

sprechen. Für einige Angehörige ist es erträglicher und kann zunächst hilfreich sein, wenn sie vorgeben, es sei ein Unfall gewesen. Für manche stellt es eine vorübergehende Lösung dar, den Suizid mit all seinen Fragen nicht zu sehen. Um seelisch gesund zu bleiben, ist es jedoch unumgänglich, eines Tages der Wahrheit ins Gesicht zu blicken. Hinterbliebene, die das Gefühl haben, diesen Weg alleine nicht gehen zu können, sollten sich fachliche Unterstützung holen. Wer einen Suizid in seinem Umfeld verheimlicht, lebt mit der ständigen Angst, es könnte doch jemand das Familiengeheimnis aufdecken.

Betroffene sollten sich auch klarmachen, dass sie mit dem Verheimlichen selbst ein Signal setzen. Sie zeigen, dass es sich um ein Thema handelt, über das nicht gesprochen werden darf, sie selbst verstärken die Tabuisierung. Es ist sehr befreiend, nicht auch noch diese schwere Last mit sich herumzuschleppen. Wer offen ist, wird erfahren, wie viele Menschen es gibt, die ihm vorurteilsfrei begegnen und ihn unterstützen. Ebenfalls erstaunlich ist die Erfahrung, wie viele Menschen im eigenen Umfeld selbst schon einmal von einer Selbsttötung betroffen waren. Sollten Sie nicht von Anfang an gesagt haben, dass es sich um einen Suizid handelte, so schauen Sie, wann Sie selbst emotional in der Lage sind, diesen Schritt zu gehen.

In unseren vielen Begleitungen gibt es auch immer wieder Menschen, die schon in jungen Jahren einen Suizid in der Familie erleben mussten. Oft verschwieg man ihnen als Kind die Todesursache und sprach von einem Unfall. Als Erwachsene erzählen sie uns heute, dass sie immer spürten, dass da etwas nicht stimmte, ohne dass sie es einordnen konnten. Die ohnehin schon belastende Familiensituation sei dadurch noch düsterer geworden. Als sie die Wahrheit erfuhren, seien sie sehr verletzt und von dem Vertrauensbruch erschüttert gewesen.

Wir empfehlen immer, von Anfang an die Wahrheit zu sagen, gerade wenn Kinder zu den Betroffenen gehören. Für Kinder ist es wie für alle anderen Beteiligten von entscheidender Bedeutung, von wem sie davon erfahren. Viele Erwachsene berichten später, wie wichtig es war, dass es eine ihnen vertraute Person erzählte. Fatal sind Situationen, in denen ein Kind die Wahrheit zufällig von Nachbarn oder Schulfreunden erfährt.

Auf einen Blick

- Vielen Menschen fällt es schwer, mit einer Selbsttötung offen umzugehen. Das gilt sowohl für Angehörige als auch für das weitere Umfeld.

- Die Darstellung des Todes als Unfall erscheint manchen im ersten Moment als weniger schmerzhaft. Menschen aus dem weiteren Umfeld meiden das Thema oft oder gehen den Trauernden gar aus dem Weg. So entsteht eine fatale Wechselwirkung, die das gesellschaftliche Tabu, das der Suizid in vielen Bereichen immer noch ist, verfestigt.

- Betroffene sollten berücksichtigen, dass sie den Rest ihres Lebens mit dem Tod des geliebten Menschen leben müssen. Die im ersten Moment bequeme (Selbst-)Täuschung belastet immer mehr.

- Die Wahrheit ist heilsam. Auch und gerade Kinder können sie aushalten. Wer sich den schweren Weg alleine nicht zutraut, sollte sich professionelle Hilfe holen.

Wenn Kinder sich das Leben nehmen

»Alles kreist um die Frage: Warum, warum, warum?«

Es war ein ganz normaler Mittwochnachmittag. Lukas war 16 Jahre alt und kam wie gewohnt von der Schule. Anders als sonst war nur, dass er sagte, er habe Kopfschmerzen und wolle sich in seinem Zimmer hinlegen. Ich war in der Küche und kochte. Eine halbe Stunde später hörte ich aus seinem Zimmer einen dumpfen Laut. Mir war überhaupt nicht klar, was das sein sollte. Ich ging zu seinem Zimmer und öffnete die Tür. Er lag mitten im Raum auf dem Boden, in der Hand eine Pistole, und alles war voller Blut. Ich konnte nicht glauben, was ich da sah. Ich rannte zum Telefon und rief den Notarzt. »Es muss sofort jemand kommen und ihn retten«, war der einzige klare Gedanke, den ich fassen konnte. Dann rannte ich wieder zu Lukas. Während ich auf den Notarzt wartete, kniete ich vor ihm und schrie ununterbrochen: »Nein, nein, nein! Du darfst nicht sterben. Bleib hier! Bitte bleib hier!« Es roch nach Pulver. Dieser Geruch verfolgt mich auch noch vier Jahre nach dem Tod. Mein Mann und meine Tochter wurden vom Kriseninterventionsteam informiert und nach Hause gebracht.

»Woher hatte Lukas eine Waffe?«, fragte ich fassungslos.

Mein Mann sagte, es sei die Waffe vom Urgroßvater. Die hatte im Keller in irgendeinem Karton in der hintersten Ecke gelegen. Lukas musste es geplant haben. Das konnte aber doch gar nicht sein. Warum?

Die ersten Monate waren nur gefüllt mit Wut, Todessehnsucht, Schuld und einem endlosen Schmerz. Immer wieder ging ich die Szene durch, als er nach Hause kam. Hätte ich es verhindern können? Warum hatte er Kopfschmerzen? War in der Schule was passiert? Später erfuhr ich, dass er eine schlechte Note bekommen hatte. Sein bester Freund erzählte, dass Lukas sehr bedrückt gewesen sei. Immer wieder habe er gesagt, dass er es eh nie schaffen werde. Alles sei zu schwer. Er wolle alles hinschmeißen, er sei eh der Loser. Die anderen klopften ihm auf die Schulter und sagten: »Hey ‚Lukas, wird schon. Beim nächsten Mal.« Immer wieder gehen wir alles durch. Was haben wir übersehen? Alles kreist um die Frage: Warum, warum, warum? Du hast dein Kind geboren. Du hast es unter allen Mühen erzogen und groß werden sehen. Und jetzt ist es vor dir gegangen. Damit wird man nie fertig. Ich dachte immer wieder voller Anstrengung nach, ab wann es schiefgelaufen war. Was ich falsch gemacht habe. Wo ich es hätte verhindern können. Mein ganzes Leben zog an mir vorüber. Und immer lassen sich Situationen finden, von denen man sich wünscht, man könnte sie ungeschehen machen. Aber das kannst du genauso wenig wie den Tod deines Kindes. Lukas war ein intelligenter, aufgeschlossener und sportbegeisterter Junge. Wenn wir vom Tod unseres Sohnes erzählen, kommt oft die Bemerkung: »Ah, dann war er wohl depressiv? Und Sie haben nichts gemerkt?«

Im Nachhinein bekommen Situationen, Gespräche und Handlungen eine ganz andere Bedeutung. Plötzlich sieht man Zeichen dafür, dass er schon länger mit dem Gedanken spielte, sich das Leben zu nehmen. Aber was wäre gewesen, wenn ihn an diesem Tag auf dem Heimweg von der Schule ein Mädchen, das er nett fand, angelächelt hätte? Hätte er sich dann vielleicht an diesem Tag nicht erschossen? Und es dann vielleicht ganz sein lassen? Wären dann nicht alle Anzeichen bedeutungslos? Wir verstehen es bis heute nicht und wir werden es wahrscheinlich auch nie verstehen. Auch das ist ein Teil unserer Trauer, die bleiben wird.

Sein Zimmer haben wir immer noch, aber wir haben es verändert. Immer wenn wir merkten, dass wir den nächsten Schritt gehen können, haben wir eine Kleinigkeit neu gestaltet. Lukas hatte einen großen Freundeskreis. Seine Schwester fragte die Freunde, was sie denn gerne von ihm behalten würden. Jeder durfte sich etwas aussuchen. Lukas' bester Freund wollte beispielsweise seine Mütze, da sie diese gemeinsam gekauft und damit viel zusammen erlebt hatten. So lebt Lukas ein Stück weiter – in der Erinnerung und auch sichtbar. Immer wenn ich Lukas' Freund begegne und er die Mütze trägt, freut es mich. Doch bis

ich dieses Gefühl von Freude wieder spüren konnte, hat es sehr lange gedauert.

Meine Rettung war, dass es in unserer Stadt eine Trauergruppe gab für Menschen, die einen Angehörigen durch Suizid verloren hatten. Mein Mann ist nur zweimal mitgegangen, und meine Tochter hat sich Unterstützung bei einem Psychologen geholt. Sie haben sich für einen anderen Weg der Aufarbeitung entschieden. Wir mussten nämlich auch lernen, dass jeder anders trauert. Vor allem, dass wir nie gleichzeitig trauern. Es hat lange gedauert, jedem seine Art und seine Zeit zuzugestehen. Am Anfang ist man in der Trauer eins, man hält und stützt sich. Wir haben in der ersten Zeit eine unglaublich starke Bindung und Zusammengehörigkeit empfunden. Doch das hielt nicht lange an. Schnell zeigten sich die Unterschiede, die wir aber nicht gleich verstanden. Wir stritten heftig und machten uns gegenseitig Vorwürfe. Hätten wir nicht die Gruppe gefunden, die uns zu begreifen half, dass Trauer Menschen auch trennen kann – ich weiß nicht, wo wir heute stehen würden.

Das Unfassbare – die große Not der Eltern

Der Suizid eines Kindes ist für Eltern eine unfassbare Tat. Eltern wollen ihr Kind schützen und behüten. Sie sind und fühlen sich dafür verantwortlich, dass es dem Kind gutgeht. Und nun geht es dem Kind nicht nur schlecht, sondern es entschließt sich auch noch, das in einer unwiderruflichen Tat auszudrücken. Niemand kann mehr etwas rückgängig oder wiedergutmachen. Unendliche Schuld- und Schamgefühle überwältigen die Eltern. Sie fühlen sich als Versager, weil sie ihr Kind nicht zu schützen vermochten.

Die Situation ist für jeden Elternteil schon schlimm genug. Leider wächst sie sich oft auch noch zur Belastung für die Beziehung aus. Der Suizid eines Kindes stellt die Beziehung auf eine harte Probe. Beide erwarten Unterstützung vom anderen und können es doch gar nicht leisten, da sie selbst viel zu verletzt sind. Selbst wenn die Partner einander immer sehr nahe waren und einander in schweren Zeiten beistanden, kommt es fast immer zu Schwierigkeiten in der Partnerschaft, wenn sich ein Kind getötet hat. Für beide Eltern ist die seelische Not so groß, dass es zu viel verlangt ist, jetzt auch noch für den anderen zu sorgen. Mehr als zwei Drittel der Paare, die ein Kind durch Suizid verlieren, trennen sich in den folgenden Jahren.

Selbsthilfegruppen können eine große Unterstützung sein. Beide Eltern haben die Möglichkeit, sich mit Betroffenen auszutauschen. Zu erfahren, dass es Menschen gibt, die ähnlich reagieren, hilft oft, die eigenen Gefühle zu ordnen. Eltern, deren Kind sich erst vor kurzer Zeit getötet hat, treffen dort auf andere, die ihr Kind bereits vor längerer Zeit verloren haben. Sie lernen von ihnen, dass die Trauer nie ganz vergeht, dass aber der Schrecken, den sie erleben, nicht für immer anhalten muss. Wir hören oft genug von Betroffenen, dass ihnen die Begegnungen in Trauergruppen geholfen haben. In unserer Arbeit wird täglich aufs Neue deutlich, dass Männer und Frauen unterschiedlich trauern. Frauen können sich leichter auf ihre Gefühle einlassen und sind eher bereit, sich Hilfe zu holen. Männern wird dagegen oft unterstellt, dass sie verdrängen und gar nicht »richtig« trauern. Männer werden eher aktiv. Sie arbeiten mehr als sonst und entdecken neue Aktivitäten für sich. So bauen sie seelische Anspannung ab. Wenn wir Angehörigen anbieten, den Sarg selbst zu schreinern oder das Grab zuzuschaufeln, wird das von den Männern gerne angenommen. Innere Spannung und die

Hilflosigkeit finden ein Ventil. So haben Männer die Möglichkeit, auf ihre Art noch etwas zu tun.

Es fällt nicht nur Paaren schwer, gemeinsam zu trauern oder sich auszutauschen. Jedes Familienmitglied findet sich in einer verzweifelten Situation. Dabei ist es unwahrscheinlich, dass Betroffene gleichzeitig und auf dieselbe Art trauern. Darüber sollten alle offen sprechen und sich gegebenenfalls Unterstützung von Dritten holen. Innerhalb der Familie entstehen oft Missverständnisse oder es kommt zu Anschuldigungen. Wenn man tief trauert, ist es wichtig, jemanden zu finden, der zuhören kann. Ohne Wertung. Jemand, der einen in der Notlage versteht. Menschen, die von dem Verlust weniger stark betroffen sind, können das oft besser als die mittrauernden Familienmitglieder.

Es gibt Tage, da erdrückt einen die Trauer, Niedergeschlagenheit und Schmerz rauben einem den Atem. Manche Menschen verkriechen sich in die Trauer und wollen nur noch allein sein. Die Einsamkeit zusätzlich zur Trauer ist schwer zu ertragen. Eine der schwierigsten Aufgaben der Trauerarbeit ist es zu lernen, wieder auf andere zuzugehen. Langsam wieder sein Herz für andere Menschen zu öffnen, bedeutet ebenfalls, in kleinen Schritten wieder neu »ja« zum Leben zu sagen.

Trauernde erleben oft Enttäuschungen. Nicht alle Freunde reagieren so, wie sie es sich gewünscht hätten. Das kann zum einen daran liegen, dass sie sich in dem Menschen wirklich getäuscht haben, oder dass dort so viel Unsicherheit und Angst herrscht, sich den Themen Tod und Suizid zu stellen. Auf der anderen Seite werden Betroffene in ihrem Leid sehr sensibel. Was sie als grobe Verletzung empfinden, ist manchmal nur eine Äußerung aus Unsicherheit. Dann wiederum gibt es ungeahnte Entdeckungen auf dem Weg der Trauer. Menschen, die nur oberflächliche Bekannte schienen, sind plötzlich ohne viel Aufhebens für uns da und erweisen sich als einfühlsame Zuhörer und treue Begleiter.

Trauer hat viele Gesichter und Wege. Jeder Trauernde hat das Recht, seine ganz persönliche Bewältigungsstrategie zu finden. Gefühlen Ausdruck zu verleihen, hat verschiedene Formen. Dabei gibt es keine bessere oder schlechtere Form. Die Hauptsache ist, dass sich die Trauer ausdrückt und nicht verdrängt oder unterdrückt wird.

»Nein. Wir werden es dem Julian nicht sagen.«

»Nein. Wir werden es dem Julian nicht sagen. Er soll glauben, dass seine Cousine in der Klinik ist und es einfach sehr lange dauern wird, bis sie wieder gesund wird.« So fing ein Gespräch mit einer Mutter an, als wir bei uns über einen möglichen Abschied sprachen.

Julian war 12 Jahre alt. Seine Cousine Diana war 16, als sie versuchte, sich mit Tabletten das Leben zu nehmen. Sie wurde gefunden und ins Krankenhaus gebracht, starb aber vier Tage später.

Dianas Eltern lebten getrennt und hatten beide neue Partner. Diana und ihre zwei Geschwister, die 13 Jahre alte Sophie und der sieben Jahre alte Leo, lebten bei der Mutter, waren aber auch oft beim Vater. Die Eltern wohnten nicht weit voneinander entfernt, damit beide einen guten Kontakt zu ihren Kindern halten konnten. Der Vater lebte im Haus seiner Schwester mit ihrem Sohn Julian. Die Kinder hatten immer Kontakt, wenn sie beim Vater waren. Julian war mehr als ein Cousin, er war fast wie ein Bruder.

Wir sprachen mit Dianas Eltern über die Beerdigung und den Abschied von ihrer Tochter. Die Mutter war von Anfang an offen mit den Geschwistern umgegangen und hatte alles erzählt. Sie durften mit ins Krankenhaus und Diana besuchen. Ebenso war es ihr wichtig, dass sie sich verabschieden konnten und mit zur Beerdigung gingen. Sie waren auch bei unserem Gespräch dabei, damit sie von Anfang an den Weg mitgehen und mitbestimmen durften. Die ganze Familie ging sehr behutsam und offen miteinander um. Die Kinder stellten Fragen und die Mutter erklärte mutig alles, was sie wissen wollten. Sie sagte zu uns: »Ich habe keine Lust, zu lügen oder etwas zu verschweigen. Eines Tages werden sie es ohnehin erfahren. Bis dahin hätte ich Angst, dass die Wahrheit ans Licht kommt. Und dann wäre alles nur noch komplizierter, und die Kinder würden es womöglich von irgendjemandem erfahren. Nein, das möchte ich nicht.«

Der Vater war derweil ganz still und meinte schließlich, dass seine Schwester es ihrem Sohn Julian nicht gesagt habe. Wir fragten nach, was sie ihm nicht gesagt habe. Es stellte sich heraus, dass Julians Mut-

ter ihrem Sohn noch nicht erzählt hatte, dass seine Cousine nicht mehr lebte. Und, so berichtete Dianas Vater, sie wollte es ihm auch nicht sagen, weil Julian es nicht verkraften würde. Wir fragten vorsichtig, wovor seine Schwester denn Angst habe, und boten dem Vater an, dass sich seine Schwester Unterstützung holen könne. In unserer Kinderstiftung arbeiten hochqualifizierte Traumafachberater, die große Erfahrung darin haben, Kindern einen Suizid zu erklären. Er wollte es ihr so weitergeben.

Die Schwester rief an, um uns zu erklären, dass sie ihren Sohn am besten kenne und er es nicht verkraften würde. Auf die Frage, was sie ihm denn die nächsten Tage, Wochen und vielleicht sogar Jahre erzählen wolle, sagte sie: »Ich werde ihm sagen, dass sie immer noch im Krankenhaus ist und wir sie nicht besuchen dürfen. Er fragt immer nach ihr, aber das wird schon irgendwann aufhören.«

Wir boten der Mutter Hilfe an; erklärten, wie man Julian alles Schritt für Schritt erzählen könne; versuchten aufzuzeigen, was es für alle bedeute, niemals vor Julian über das Geschehen sprechen zu dürfen. Julians Mutter war nicht umzustimmen. Sie blieb dabei, dass nur sie allein ihren Sohn kenne und sie gut damit leben könne, wenn er sie mit 16 oder 17 beschimpfe, weil sie ihn so lange belogen habe.

Julian hat sich nicht verabschiedet und war auch nicht auf der Beerdigung.

Eine offene Familie ist eine gute Familie

Wir werden häufig gefragt, ob, und wenn ja, wie man Kinder mit dem Suizid konfrontieren sollte. Wir antworten dann: Wie können wir unsere Kinder nicht damit konfrontieren? Spüren unsere Kinder nicht, dass etwas Dramatisches in der Familie geschehen ist? Sehen unsere Kinder nicht, wie traurig wir sind? Sollen wir sie im Unklaren darüber lassen, warum wir weinen? Eltern wollen ihre Kinder beschützen und glauben, es sei besser, wenn sie nicht die Wahrheit erfahren. Doch Kinder haben ein sehr feines Gespür dafür, wenn ihnen etwas verheimlicht wird. Das Unausgesprochene wird für sie zu etwas Geheimnisvollem und Bedrohlichem. Wenn es etwas gibt, worüber nicht gesprochen werden darf, suchen sie selbst im Stillen nach Erklärungen. Am Ende denken sie womöglich, sie selbst seien der Grund für die Traurigkeit der anderen.

Aus unseren Erfahrungen wissen wir: Man sollte Kinder auch an einem so schwierigen Familienereignis wie dem Suizid teilhaben lassen. Das Sprechen darüber integriert es in unser Leben. Der Verlust ist ein Teil des Lebens, und: Ja, es ist passiert. Andernfalls nimmt man den Kindern etwas, das sie nie mehr nachholen können.

Ebenso wissen wir auch, dass jede Familie ihre eigenen Regeln hat. Diese Regeln lenken sie viel mehr, als sie selbst bemerken. In der Familie von Diana wurde deutlich, dass der eine Teil offen über den Suizid sprechen möchte und der andere nicht.

Wir versuchen auf alle Gefühle der Betroffenen einzugehen. Niemand kann einen einzigen richtigen Weg bestimmen. Julians Mutter wird ihre Gründe für ihre Entscheidung haben. Unser Angebot besteht darin, die Gründe zu hinterfragen. Welche Ängste stecken dahinter? Können wir helfen, die Ängste abzubauen? Es gehören viel Mut und Offenheit dazu, sich diesen Themen zu stellen. Wenn jemand unser Angebot ablehnt, respektieren wir seine Entscheidung. Hierzu erfahren Sie im Kapitel »Gut zu wissen« von Tita Kern mehr (siehe S. 160ff.).

Auf einen Blick

- Nicht nur Erwachsene nehmen sich das Leben. Immer wieder gibt es Suizide von Kindern und Teenagern. Ein Suizid des eigenen Kindes gehört zu den schlimmsten Erfahrungen, die Eltern machen können.

- Der Suizid des Kindes belastet die Beziehung der Eltern. Viele Partnerschaften gehen auseinander nach einem solch dramatischen Ereignis.

- Jeder Mensch trauert anders. Dies gilt es zu erkennen und zu respektieren.

- Wichtig für die Hinterbliebenen sind gute Zuhörer außerhalb der Familie, da die anderen Trauernden mit sich selbst beschäftigt sind, um nur für den anderen da zu sein.

- Der Austausch mit anderen Betroffenen in Trauergruppen kann den Hinterbliebenen helfen.

- Wenn Kinder Hinterbliebene von Selbsttötungen sind, ist es nicht sinnvoll, ihnen die Todesursache zu verschweigen oder sie darüber zu täuschen. Kinder merken, wenn ihnen etwas vorgemacht wird.

- **Auch ein schwieriges Familienereignis gehört zum Leben der Kinder. Offenes Sprechen darüber in der Familie erleichtert den Kindern den Umgang damit.**

Abschied nehmen

Das erste Wiedersehen mit meinem toten Bruder Thorsten

Nach der Nachricht vom Suizid meines Bruders wollte ich nach Berlin fahren, um ihn abzuholen. Zigmal war ich schon in der Rechtsmedizin und habe Verstorbene selbst abgeholt. Doch Florian Rauch sagte zu mir: »Ich lasse Sie nicht nach Berlin fahren. Sie sind jetzt selbst betroffen, da muss ich auf Sie aufpassen.« Er hatte recht. Sechshundert Kilometer Autobahn – viele Stunden, in denen ich wahrscheinlich an alles Mögliche gedacht hätte, nur nicht an den Verkehr. Wenn ich als Bestatterin Verstorbene abhole, empfinde ich das jedes Mal als bewegend, berührend und teilweise schwierig. Meinen eigenen Bruder abzuholen, hätte mich sicherlich überfordert. Jetzt stand mir Florian Rauch als Trauerbegleiter zur Seite, was von unschätzbarem Wert war. Zum ersten Mal konnte ich es zu 100 % nachspüren und verstehen, wie dankbar man in solch einer Situation ist, dass immer wieder jemand da ist, der einen klaren Blick hat und einen dadurch gut und sinnvoll unterstützen kann. Wir beauftragten einen Berliner Bestatter.

Die Obduktion blieb uns erspart. In Berlin sei man da nicht so streng, wenn die Todesursache eindeutig ist, erklärte der Bestatter. Ich hatte mich emotional schon darauf eingestellt und war überrascht, aber auch erleichtert. Viele Male hatte ich mit meinem Bruder darüber gesprochen, wie schwer es für die Angehörigen auszuhalten ist, dass der geliebte Mensch auch noch obduziert wird.

Allerdings würde es mit der Freigabe wohl länger dauern, und zwar bis zu einer Woche. Dieses Warten war zermürbend. Immer noch war da diese irrwitzige Hoffnung, dass der Tote gar nicht er war. Wider jede Rationalität bleiben Zweifel. Das Hirn entwickelt die abstrusesten Theorien. Mehr als eine Woche nach der Todesnachricht rief Florian Rauch an und sagte, mein Bruder sei gerade eingetroffen. Ich war auf der Fahrt vom Friedhof zurück ins Büro. Mir liefen die Tränen über die Wangen, mein Herz schlug ganz schnell, und ich beeilte mich zurückzukommen. Wieder bremste mich Florian Rauch. Er wollte nicht, dass ich Thorsten unvorbereitet wiedersah. Er wollte sich erst selbst ein Bild machen und ihn dann aufbahren. Ich war erst irritiert, schließlich bin ich ja Bestatterin und einiges gewohnt. Heute bin ich dankbar, dass wir es so gemacht haben. Obwohl ich den Umgang mit Toten gewohnt bin, merkte ich, dass es noch einmal etwas anderes war, den eigenen Bruder tot zu sehen.

Meine Mutter forderte ebenfalls vehement, Thorsten sofort zu sehen. Hier hatte ich die Rolle, die Florian Rauch mir gegenüber übernommen hatte. Ich sagte zu ihr: »Natürlich wirst du ihn sehen, aber lass mich ihn bitte erst anschauen, damit ich sehe, ob und wie er sich verändert hat.« Meine Mutter sagte: »Egal wie er ausschaut – ich muss ihn sofort sehen!« Sie klopfte zu jedem Wort mit den Knöcheln ihrer schmalen Faust auf den Tisch, als sie sagte: »Erst wenn ich ihn sehe …!« Wie ich hatte sie immer noch irgendeinen absurden Rest Hoffnung, dass sich vielleicht doch noch alles als Verwechslung herausstellte.

Ich durfte endlich zu meinem Bruder. Er lag da, nur mit einem weißen Tuch bedeckt und einer Rose in der Hand, die ihm Florian Rauch gegeben hatte. Nein, es war keine Verwechslung – ich erkannte ihn sofort. Mein Herz stand kurz vor dem Zerspringen, ich bekam kaum Luft und begann laut zu weinen. Immer wieder wiederholte ich: »Nein, nein, nein! Warum? Warum hast du das gemacht?«

Die harte Realität war da. Mit aller Brutalität und Wucht warf sie mich um. Er hat es wirklich getan! Bis zuletzt konnte ich es nicht glauben. Nicht mein kleiner Bruder! Doch da lag er. Ganz friedlich. Als ich ruhiger wurde, rief ich meine Mutter an, sie könne jetzt kommen. Zehn Minuten später stand sie in unserem Abschiedsraum.

Sie brauchte wie ich dieses erste Sehen, um wirklich mit dem Gedanken abzuschließen, es könne alles doch ein Irrtum sein. Sie brauchte Gewissheit, um mit der Trauer beginnen zu können. Dieses Klammern an einen letzten Rest Hoffnung ist nach einer Todesnachricht typisch. Und es ist völlig normal, denn es entspricht unserem Wesen, auf das Leben zu hoffen und den Tod zu negieren.

Kopf und Herz schaffen eine Verbindung – der Abschied

Die Todesnachricht kommt im Kopf an, aber das Herz akzeptiert sie noch nicht. Hier liegt die große, heilende Chance des Abschieds – Kopf und Herz schaffen eine Verbindung. Sie ist für eine heilsame Trauer von unschätzbarem Wert.

Der wichtigste Schritt zu Beginn des Trauerweges ist der Abschied vom Toten. Für viele ist es der Dreh- und Angelpunkt der Trauer: der Abschied am offenen Sarg, von Angesicht zu Angesicht mit dem Verstorbenen. Zum ersten Mal nach seinem Tod sehen wir den Verstorbenen wieder und können begreifen und spüren, dass der Tod da ist. Wir nennen ihn deshalb den »wirklichen Abschied«.

Wir erleben immer wieder, dass sich die Angehörigen zunächst dagegen sperren – weil dieses letzte Wiedersehen große Ängste auslöst: Angst vor zu starken Gefühlen, Angst, den Anblick des Verstorbenen nicht zu ertragen. Diese Ängste sind völlig verständlich – woher sollten wir es auch anders wissen? Wer lebt es uns noch vor? Die gute Tradition, den Verstorbenen im Haus aufzubahren, Totenwache zu halten und Besuche der ganzen Familie und der Nachbarschaft zuzulassen, sich tragen zu lassen von der Gemeinschaft, ist selbst auf dem Land so gut wie verschwunden. Dabei ist gerade der wirkliche Abschied eine sehr heilsame Erfahrung und der erste Schritt für eine weitere Entwicklung der Trauer, weil er allen Ausflüchten ein Ende setzt und uns hilft, das Unfassbare anzunehmen.

Das Ziel eines Abschieds ist, das Unbegreifliche begreiflich zu machen. Die letzte Begegnung mit dem Toten löst viele unterschiedliche Emotionen aus. Erlaubt ist alles, was der Trauernde in diesem Augenblick ausdrücken muss.

Steine im Sarg

»Man möchte die Umstände und die eventuellen Unannehmlichkeiten entschuldigen.« Diesen Zettel fanden Bewohner eines Mietshauses in ihrem Briefkasten. Die Bedeutung dürfte ihnen ein Rätsel gewesen sein. Ein junger Mann erzählte uns, was es damit auf sich hatte.

Er hatte Eltern – er Beamter, sie Lehrerin – die im Alter aus Angst vor Demenz und einem Umzug ins Altersheim den Entschluss gefasst hatten, sich zu töten. Es gibt immer wieder Fälle, bei denen wir staunen, mit welcher sorgfältigen und umsichtigen Planung Suizide über Monate vorbereitet und dann in die Tat umgesetzt werden.

Das war so ein Fall. Die Eltern hatten in einer nahezu symbiotischen Beziehung gelebt, die Frau schien völlig abhängig von ihrem Mann. Eltern und Sohn hatten sich entfremdet und in den letzten Jahre kaum noch gesehen und gesprochen. Als bei den Eltern zu den ersten Anzeichen einer schwerwiegenden Erkrankung auch noch finanzielle Probleme traten, stand ihr Entschluss zu sterben fest. Sie planten ihren Doppelsuizid. Der Mann erstickte seine Frau, nachdem diese unzählige Schlaftabletten geschluckt hatte. Danach wählte er den Notruf der Polizei. Er nannte seinen Namen und die Adresse und sagte, dass er eben seine Frau auf ihren Wunsch getötet habe. Er legte auf. Er ging ans Fenster und wartete, bis er die Polizei kommen sah. Dann nahm er eine Waffe und erschoss sich.

Der Sohn, der seine Eltern kaum noch gesehen hatte und sie gerne noch einmal lebend besucht hätte, lehnte es zunächst ab, seine Eltern tot anzuschauen. Er fürchtete, dass die Schussverletzung den Kopf des Vaters zu sehr entstellt hätte. Wir erklärten ihm, dass wir uns seinen Vater und seine Mutter anschauen würden, um eine Lösung zu finden, damit er die Verletzungen nicht sah. Wir stellten fest, dass wir beide so aufbahren konnten, dass sie einen friedlichen Anblick boten.

Es gab einen Abschied, der auch für uns sehr bewegend war. Der Sohn bettete seine Eltern liebevoll in zwei von der Mutter bestickte Decken. Auf diese Decken legte er sehr große, sehr schwere Steine, die einem Lebenden sicher die Luft genommen hätten. Zusätzlich hatte er jedem einen Brief geschrieben, diese legte er zu den Toten. Wir überlegten damals, was alles geschehen sein musste, damit ein Kind seinen Eltern derart große Steine als Grabbeigabe in den Sarg legt. Es schien uns, dass er sich der Schwere entledigen wollte, die auf der Beziehung zu den Eltern gelastet hatte. Als ob er sich äußerlich frei machen und abschließen wollte mit einer langen, schwierigen Eltern-Kind-Beziehung. Der versöhnliche Abschluss für den jungen Mann, das sagte er uns später, lag tatsächlich darin zu wissen, dass es vorbei war und er sein Herz von einer großen Last befreien konnte. Denn der einst übermächtige Vater hatte in dem Zustand, in dem er aufgebahrt war, nicht nur Wut und Verzweiflung freigesetzt, sondern auch Mitgefühl und Versöhnung mit dem, was geschehen war.

Der Tod als Sinneserfahrung

Was ich zwischen Tod und Beisetzung in der Trauer verpasse, kann ich später schwer nachholen – und wenn, dann meist nur unter deutlich größeren Mühen. Dazu gehört der Abschied von unserem Toten – die letzte Möglichkeit der Begegnung, bevor er für immer unter die Erde kommt oder verbrannt wird. Es ist bei so dramatischen Umständen wie einem Suizid oft die letzte Möglichkeit, die traumatisierenden Bilder – zum Beispiel vom Auffinden des Toten – durch neue, versöhnliche Bilder beim Abschied im Kreis der Familie zu ersetzen. Ebenso sind die Fantasien über die Verletzungen durch den Suizid immer schlimmer als die Realität.

Wir haben schon viele Reaktionen von Angehörigen erlebt, die sich nicht verabschiedet haben. Sie sehen in der Regel den Sarg am Tag der Beerdigung zum ersten Mal. Viele stellen sich vor, dass im Sarg ein völlig entstellter Körper liege, der mit ihrem Angehörigen nichts mehr gemein habe, und leiden darunter. Oder die Fantasie, der Tote läge vielleicht gar nicht im Sarg, lässt sie nicht los. Diese falschen Vorstellungen führen dazu, dass die Hinterbliebenen sich von dem Toten und dem Geschehen der Trauerfeier distanzieren. Sie können die Feier nicht mehr zum Abschied nutzen. Die Fantasie ist ein unbarmherziger Trauerbegleiter: Manche Trauernde begleiten sie dann für den Rest ihres Lebens. Die schlimmen Bilder überlagern all die guten und schönen Erinnerungen an glückliche Tage, die für Trauer und Aufarbeitung so notwendig sind.

»Ich konnte ihm meine Wut ins Gesicht sagen.«

Die Geschichte von Roland und Paul, deren Vater beziehungsweise Opa sich erschossen hatte (siehe S. 23), ging folgendermaßen weiter:

Nachdem die Beamten der Kripo mit ihren Untersuchungen fertig waren, kam der Bestatter und trug meinen Vater auf einer Bahre raus. Ich sah nur ein blutiges Tuch und fragte, ob er schlimm aussehe. Als ich ihn fand, hatte ich ihn nur von der Seite gesehen und war sofort zum Telefon gerannt. Der Polizist sagte, dass er übel zugerichtet sei. Der Sanitäter bestätigte es. In diesem Moment erlosch mein ursprünglicher

Wunsch, meinen Vater noch einmal zu sehen. Ich bekam Angst vor einem schrecklichen Bild, das ich mein Leben lang mit mir herumtragen würde.

Als ich dann bei AETAS saß, um die Beerdigung zu planen, boten sie mir an, meinen Vater noch mal zu sehen. Ich erschrak. »Nein, auf gar keinen Fall«, platzte es aus mir heraus. »Er sieht schrecklich aus, das will ich nicht sehen.« Im selben Moment spürte ich schon, dass ich meinen Vater doch so nicht gehen lassen konnte. Ohne ein Wiedersehen, ohne ihn noch einmal zu berühren. Aber die Angst war viel größer. Nicole Rinder erklärte mir, dass sie sich ein Bild von den Verletzungen machen würde. Sie sollte ihn versorgen, waschen und ihm seine eigene Kleidung anziehen lassen. Beim Wiedersehen würde sie mich Schritt für Schritt begleiten. Sie erklärte mir, jetzt hätte ich als letztes Bild von meinem Vater, wie er im Flur lag und mit einem blutigen Laken weggebracht wurde. Der Abschied werde neue, versöhnlichere Bilder schaffen.

Ich ließ mich darauf ein. Auch meine Frau und mein Sohn verabschiedeten sich, und ich lud sogar alle seine Freunde ein, ihn noch einmal zu sehen. Ich bin für diese Möglichkeit unendlich dankbar. Der Abschied hat mir etwas Friedliches vermittelt. Ich hatte eine riesige Wut auf meinen Vater und sagte sie ihm ins Gesicht. Wir haben auch viel geweint und mit ihm gesprochen. Immer wieder musste ich ihn anfassen, um zu begreifen, dass er tot ist. Diese Stunden werde ich nie vergessen. Das Bild, wie er mit seiner Kuscheldecke zugedeckt im Sarg liegt und um ihn Bilder von uns allen, ein Kuscheltier, das Paul ihm mitgegeben hatte, und das Buch, das er als letztes gelesen hatte, trage ich in meinem Herzen.

Die Angst vor dem Wiedersehen

Wenn wir Angehörigen den Abschied von ihrem Toten nach einem Suizid anbieten, erschrecken viele. Oft ist ihnen von Ersthelfern vor Ort abgeraten worden. *»Wie? Ich soll meinen Mann noch mal anschauen zum Abschied? Der ist doch vor die U-Bahn gesprungen! Der ist doch in tausend Stücken.«* Es ist uns eine Herzensangelegenheit, Hinterbliebenen den letzten Abschied zu ermöglichen. Unserer Erfahrung nach sind die wenigsten Verletzungen

so schlimm, dass es uns gar nicht mehr gelingt, den Toten so zu versorgen, dass er einen »guten« Anblick bietet.

Der Abschied hilft auf dem Weg vom Trauma zur Trauer. In unserer langjährigen Erfahrung hat sich deutlich gezeigt: Je akuter der Tod und je jünger der Verstorbene, je dramatischer die Todesumstände, desto wichtiger ist ein Abschied am offenen Sarg. Nicht nur praktische Erfahrung in der Trauerbegleitung, sondern auch trauerpsychologische Studien belegen die Sinnhaftigkeit der offenen Aufbahrung. Denn allein die Vorbereitung des Abschieds durch die ganze Familie bedeutet lebendige Trauer von Anfang an. Aktive Abschiednahme in den ersten Tagen zwischen Todesnachricht und Bestattung ist für den Trauerprozess immens wichtig und kann ihn unbestritten verkürzen.

Beim Abschied ist der Hinterbliebene seinem Mann, seiner Frau, seinem Kind, einem innig geliebten Menschen noch einmal nahe. Mit den Händen kann er buchstäblich begreifen, dass der Verstorbene sich jetzt kalt und tot anfühlt. Er darf ihn betten, ihm einen Brief oder andere bedeutsame Gegenstände mit ins Grab geben. Ein letztes Mal können die Hinterbliebenen ihm etwas Gutes tun. An einem Tag im Kreis der Familie des Toten und seiner Freunde finden in der Regel alle Beteiligten nahezu schwerelos einen Weg aus dem Schockzustand hinein in eine aktive und gestaltete Trauer.

Die Wirkungsweise lässt sich ganz leicht erklären: Wenn ich etwas gestalte, Ausdrucksmöglichkeiten finde für all meine Gefühle, bin ich aktiv und höre auf, nur zu erleiden und zu erdulden. Ich gewinne ein Stück meiner Stabilität zurück und kann einen Teil der Last abstreifen, die mich in der ersten Phase der Trauer zu erdrücken scheint.

Totenversorgung und -fürsorge war früher Bestandteil der Alltagserfahrung. In manchen ländlichen Gebieten ist die Aufbahrung der Toten im Kreis der Familie zu Hause für den Abschied immer noch üblich. Das Wissen, wie wichtig der Abschied, die letzte Begegnung mit dem Toten ist, ist in unserer modernen Leistungsgesellschaft verlorengegangen. Eine der Ursachen dafür ist unsere Angst. Angst vor dem Tod. Angst vor dem Toten. Angst vor dem angeblichen Leichengift. Angst, andere Menschen, gerade Kinder, mit dem Tod zu konfrontieren.

Der Tod wird tabuisiert. Die Angst, seinen Toten noch einmal zu sehen, ihn gar zu berühren, zu streicheln und zu liebkosen, ist verständlich. Woher soll ich eine positive Erfahrung mit dem Abschied haben, wenn es mir nicht mehr vorgelebt wird? Kein Mensch sieht täglich Tote, kein Mensch begleitet täglich andere in ihrer Trauer und versucht, sie auf den für sie richtigen Weg zu geleiten. Die Erfahrung mit dem Tod aber gehört zur Lebensreife und zur Entwicklung der eigenen Einstellung zu dem, was uns unser Leben wirklich bedeutet.

Niemals, das ist unser dringender Rat, sollten wir uns einen Abschied verbieten lassen. Der Abschied ist ein unglaublich schwerer, aber gleichzeitig ein sehr wichtiger Schritt. Beim Abschied verbinden sich der Kopf und das Herz. Was bis dahin in meinem Kopf ankam und kognitiv zu verstehen war, erhält die Chance, in seinem ganzen Ausmaß angenommen zu werden. Wir können Emotionen freien Lauf lassen, die wir bisher vielleicht aus falscher Rücksicht zurückgehalten haben. Häufig weinen Betroffene zum ersten Mal, wenn sie ihren Toten bei uns sehen. Trauern bedeutet, emotional sein zu dürfen. Gefühle wie Wut, Angst oder Hass zuzulassen, kann uns positiv verändern. Der Blick auf das Wesentliche im Leben verändert sich. Der Abschied kann der Wendepunkt sein, an dem wir beginnen, den Tod eines geliebten Menschen in unser Leben zu integrieren.

Die unlebendigen Bilder werden bleiben – aber sie werden gleichwertige Bilder unter vielen anderen. Sie verlieren ihre Kraft und Intensität. Die schönen, lebendigen Bilder treten wieder stärker in den Vordergrund, und das Bild vom Toten wird eins sein von vielen, die ich mit dem Menschen erleben durfte.

Kein Abschied vom Toten

Die Haltung, jedem Hinterbliebenen den Abschied vom Toten anzubieten und ihm die Vorzüge dieses Vorgehens nahezubringen, hat sich noch nicht allgemein durchgesetzt. Gerade bei Suiziden bleiben viele Hinterbliebene ohne einen Abschied am Sarg. Zu viele Menschen im Umfeld reden dem Betroffenen das Wiedersehen aus: die Einsatzkräfte und Ärzte unmittelbar nach dem Tod, Bestatter, die den Wert von Aufbahrungen unterschätzen, Angehörige, die ihre eigene Angst in den Ratschlag »Tu dir das nicht an!« verpacken. Dazu kommt die Furcht des Hinterbliebenen, der Tote könne einen schrecklichen Anblick bieten. Die Zeit zwischen Tod und Beerdigung ist kurz. Die wenigen Tage sind gefüllt mit unzähligen Aufgaben – den Anrufen, Benachrichtigungen, Behördengängen, Gesprächen – und der lähmenden Trauer. Wer nicht auf die Situation vorbereitet ist, schon eine klare Vorstellung im Kopf hat oder das Glück, an einen besonnenen Trauerbegleiter zu geraten, kann die Entscheidung über einen Abschied am Sarg kaum in Ruhe abwägen und bewusst fällen.

Für viele kommt die Zeit, sich in Ruhe mit der Frage nach dem Abschied zu beschäftigen, zu spät. Immer wieder begegnen wir Menschen, die sich nicht verabschieden konnten. Einige erzählen, dass sie das bis heute nicht loslässt und sie immer wieder glauben, dass der Tote nicht im Sarg lag. Andere, die sich scheinbar bewusst gegen ein Wiedersehen entschieden haben, fühlen sich später als Verräter und haben ein schlechtes Gewissen, weil sie den Verstorbenen nicht mehr sehen wollten.

Die Entscheidung ist zwar nicht mehr rückgängig zu machen, doch man kann sich mit ihr versöhnen. Der Trauernde muss begreifen, dass er es damals nicht besser wusste. Wahrscheinlich war ihm zum Zeitpunkt des Todes die Sinnhaftigkeit eines Abschieds nicht bekannt, heute würde er anders reagieren. Seien Sie liebevoll zu sich selbst und nehmen Sie an, dass es so ist, wie es ist! Mit dem heutigen Wissen wären Sie vielleicht einen anderen Weg gegangen. Schreiben Sie Ihrem Verstorbenen einen Brief und versöhnen Sie sich mit ihm. Erklären Sie ihm, warum Sie sich damals nicht verabschiedet haben. Sie hatten Ihre Gründe.

Jeder Mensch ist anders. Jeder Trauernde reagiert anders. Wir kennen weder die Familiengeschichte noch die Gründe, warum sich manche Hinterbliebenen vehement gegen einen Abschied wehren. Was wir aber wissen ist, dass jeder seine Gründe hat und dass diese berechtigt sind. Unser Hauptanliegen ist es, Menschen aufzuklären, aufzuzeigen und anzubieten, dass es die Möglichkeit eines Abschieds gibt.

Unserer Auffassung nach gehört zum Trauerweg der Abschied am Sarg, damit ein gesunder Trauerprozess beginnt. Das soll aber nicht heißen, dass es ohne ein Wiedersehen mit dem Toten keinen gesunden Trauerprozess geben kann. Es ist unserer Erfahrung nach nur etwas mühsamer, den Weg der Trauer zu beginnen.

Wichtig für den Hinterbliebenen ist es, nicht im Schmerz zu erstarren, sondern eigene Entscheidungen zu treffen. Das kann, auch ohne Abschied am offenen Sarg, mit der Trauerfeier anfangen. Sie zu planen, ihren Charakter zu bestimmen, gestaltet zum ersten Mal das neue Leben ohne den Angehörigen. Ein nächster Schritt ist es, in einen Dialog mit dem Verstorbenen zu treten und sich ihm zu öffnen. Die Aussprache und Aussöhnung, die andere am offenen Sarg erleben können, müssen nun im Inneren stattfinden. Viele Hinterbliebene finden die Ruhe für dieses Zwiegespräch am Grab. Es kann aber auch ein eigener oder gemeinsamer Lieblingsort sein. Anderen hilft es, die Gefühle und Gedanken schriftlich zu formulieren. Auch wenn es keinen lebendigen Adressaten mehr gibt, kann es befreien, dem Verstorbenen das, was einen bewegt, in einem Brief zu schildern.

_____Ritual: Der letzte Brief

Ein letzter Brief ist besonders hilfreich, wenn vieles nicht gesagt werden konnte. Hier kann sich jeder noch einmal öffnen und in einen inneren Dialog mit dem Verstorbenen treten. Das Aufschreiben der Gedanken schafft Klarheit und wirkt befreiend.

Aufgabe
Suchen Sie sich Ihren Lieblingsplatz – sei es in der Wohnung oder im Garten. Sie brauchen allerdings einen Tisch, damit Sie schreiben können. Stellen Sie Kaffee oder Tee bereit und zünden Sie eine Kerze an. Stellen Sie ein Bild des

Verstorbenen auf. Schalten Sie Telefon und Klingel ab, um absolute Ruhe zu haben.

Das Ritual kann Minuten bis Stunden dauern. Wichtig ist, dass Sie nicht unter Zeitdruck stehen und sich emotional ganz auf das Ritual einlassen können. Schreiben Sie Ihrem Verstorbenen in direkter Ansprache einen Brief. Schreiben Sie ihm all die Dinge, die Sie ihm noch gern gesagt hätten, was Sie mit ihm noch gern erlebt hätten, was nicht gut war, was gut war, warum Sie wütend sind und/oder traurig, was Ihnen leid tut ... Bringen Sie alles zu Papier, was Ihnen auf dem Herzen liegt.

Es sollte ein sehr ehrlicher Brief werden: Schauen Sie, was in Ihnen hochkommt und in Ihnen arbeitet, wenn es nicht ausgesprochen wird. Alles darf sein. Alles, was Sie in sich tragen, soll eine Form und einen Ausdruck in Worten finden. Ob es die nicht so schönen Dinge und Momente sind oder die schönen. Hören Sie auf Ihr Herz, was es »loswerden« möchte, was Sie nicht mehr aussprechen konnten.

Mit diesem Brief trägt der Trauernde das, was er auf der Seele hatte, nicht mehr in sich; er hat es auf- und sich damit von der Seele geschrieben. Der »letzte Brief« dient der inneren Heilung und Loslösung. Was den Trauernden bewegt, gelangt zu der Person, zu der es gehört.

Bringen Sie den Brief an den Ort Ihres Verstorbenen. Haben Sie eine vertraute Person, wäre es gut, wenn diese Sie begleitet und Sie nicht allein sind. Wenn Sie möchten und das können, lesen Sie den Brief laut vor – so gibt es »Zeugen« und das Geschriebene wird zusätzlich ausgesprochen. Damit bekommen die Worte noch mehr Bedeutung. Anschließend verbrennen Sie den Brief und streuen die Asche auf das Grab. Oder Sie zerreißen ihn und vergraben ihn in der Erde. Gibt es kein Grab, suchen Sie sich einen geeigneten Ort aus, vielleicht einen gemeinsamen Lieblingsplatz.

Ritual: Das letzte Geschenk – Sargbeigaben

Bei den Abschieden am offenen Sarg schlagen wir den Hinterbliebenen vor, dem Verstorbenen etwas mit in den Sarg zu geben. Dinge, die dem Verstorbenen im Leben wichtig waren, oder Dinge, die dem Angehörigen wichtig sind – das können Fotos, das Lieblingsbuch, ein Kuscheltier oder die Tageszeitung mit Lesebrille sein. Der Sinn der Sargbeigabe ist, dass der Angehörige etwas auswählt, das den Verstorbenen auf seiner letzten Reise begleitet. Wir haben von Golfbällen über die Gartenschürze bis zur »Süddeutschen Zeitung« oder einem Kochbuch schon alles gehabt. Auch Kinder sollten die Möglichkeit erhalten, dem Verstorbenen etwas mitzugeben, das ihrer Meinung nach eine Bedeutung für ihn haben könnte. Kinder wählen gerne Spielsachen oder das Kuscheltier aus. Haben Sie nicht die Möglichkeit bekommen, Ihrem geliebten Menschen etwas mitzugeben, können Sie das auch Jahre später noch nachholen. Besorgen Sie sich ein Kistchen. Die Größe wählen Sie nach Ihren Sargbeigaben aus. Dieses Kistchen können Sie gestalten – mit Bildern bekleben oder bemalen. Seien Sie kreativ, legen Sie Ihrem Verstorbenen die Dinge hinein, die er bei sich haben sollte. Vielleicht ist es ein Brief, Fotos, ein Glücksbringer … Hören Sie auf Ihr Herz! Was, meinen Sie, könnte fehlen und was sollte unbedingt bei ihm sein? Wenn Sie ihr Kistchen gefüllt haben, gehen Sie ans Grab und geben es der Erde. Graben Sie ein Loch und legen Sie das Kistchen hinein. Gibt es kein Grab, wählen Sie einen anderen Ort, wo Sie das Kistchen begraben können und wo es Ihrem geliebten Menschen nahe ist.

Auf einen Blick

- Eine Todesnachricht kommt zuerst im Kopf an. Das Herz braucht in der Regel etwas länger, um die Endgültigkeit zu akzeptieren. Der beste Weg, um Kopf und Herz zu verbinden, ist das Wiedersehen mit dem Toten am offenen Sarg.

- Bei der Begegnung am offenen Sarg kann der Hinterbliebene den Tod mit allen Sinnen begreifen. Er kann sich dem Toten noch einmal emotional öffnen und sich mit ihm aussöhnen. Es werden friedliche Bilder geschaffen. Sie helfen, Traumatisches zu bewältigen.

- Gerade Suizid-Hinterbliebene erleben oft keinen solchen Abschied. Unserer Erfahrung nach macht das den Trauerprozess schwieriger, aber nicht unmöglich. Ein guter Weg, um sich von dem Verstorbenen zu verabschieden, ist es, ihm einen Brief zu schreiben.

III. Trauer

Trauer ist der Weg zur Heilung

Die Welt steht still

»Welchen Sinn hat mein Leben noch, nach dem Tod meiner Frau? Und ist das überhaupt noch Leben? Was habe ich verbrochen, dass ich so bestraft werde? Sie war doch der Mittelpunkt meines Lebens – seit 56 Jahren! Plötzlich fehlt ein Teil von mir. Wie soll ich bloß weiterleben?« Diese Worte sprach bei uns ein Mann, dessen Frau sich zu Hause erhängt hatte. Er fühlte und spürte, dass seine Trauer sehr schwer sein würde, eben weil seine Frau sich getötet hatte. Jeder Tod ist mit Trauer verbunden. Je intensiver die emotionale Bindung, desto intensiver der Schmerz und die Trauer. Die Art des Todes spielt eine große Rolle bei der Trauer und im weiteren Leben der Hinterbliebenen. Mit der Selbsttötung eines geliebten Menschen scheint die Welt stillzustehen. Zumindest die eigene kleine Welt hört auf sich zu drehen. Das alte Leben, in dem der Verstorbene eine große Rolle spielte, gibt es vom einen auf den anderen Moment nicht mehr.

Beim Suizid kommen Fragen und Gefühle hoch, die bei anderen Todesarten gar keine oder kaum eine Rolle spielen. Menschen sind Beziehungswesen und somit abhängig von zwischenmenschlichen Beziehungen. Diese beeinflussen unser ganzes Leben. Für den Hinterbliebenen steckt in der Selbsttötung auch eine Aussage über die Beziehung. Das erschüttert das Welt- und Selbstverständnis.

Starke, zum Teil widersprüchliche Gefühle überwältigen den Hinterbliebenen. Ihn übermannen Trauer und Schock, oft empfindet er aber auch Wut und Zorn. Die Gefühle stellen sich nicht brav in die Schlange, um der Reihe nach dranzukommen, sondern erfassen den Trauernden völlig willkürlich und reißen ihn von einem Extrem ins andere. Der Weg durch die Trauer dauert länger, als die meisten Menschen vermuten.

Trauer als Helfer sehen

Die schmerzliche Erfahrung eines Suizids hat oft zur Folge, dass wir alles versuchen, damit wir diesen Schmerz nicht fühlen müssen. Viele Menschen unterdrücken aus Angst, es nicht auszuhalten oder aus Angst vor dem Umfeld ihr eigenes Wesen und ihre eigene Kreativität. Aus Angst beginnen wir zu verdrängen, durch Schutzschichten und Deckmäntel wollen wir unser Herz, unsere Seele vor weiterem Schmerz schützen. Doch die Gefühle sind da – seien es Wut, Schuld oder Schmerz. Sie müssen sich ausdrücken. Bewahren wir sie im Dunkel auf, entstehen Bitterkeit und Leere. Die Seele erstarrt, die Verbindung von Kopf und Herz wird abgeschnitten. Um das Leben nicht nur in diesem erstickten Leid weiterzuleben, sondern um wieder mit dem Herzen wahrzunehmen, braucht es den Weg durch die Trauer. Das bedeutet nicht, dass die Trauer nach einem Plan abgearbeitet werden kann und dann erledigt ist. Die Trauer gehört für immer zu unserem Leben – und kann uns helfen, den stets wiederkehrenden Schmerz zu überwinden.

Wer sich auf den Prozess der Trauer einlässt, wird einen inneren Wandel vollziehen. Er lernt die Trauer schätzen. Sie ist kein Feind, der bekämpft werden muss, kein Unheil, das wir möglichst schnell hinter uns bringen sollten. Die Trauer ist unser Helfer in schwerer Not. Wir können uns ihr öffnen, uns in sie fallen lassen, sie mit Leib und Seele erleben und dabei erkennen, was sie wirklich bedeutet: Trauer ist ein Heilungsprozess.

Es kommt nicht darauf an, wie schnell alles durchlebt wird, sondern wie intensiv. Wenn wir durch den Trauerprozess gehen, stellen wir fest, dass wir viel gewinnen können. Wir brauchen lediglich die Bereitschaft, alles zuzulassen, was die Trauer mit sich bringt. Alles wird infrage gestellt und nach sämtlichen Antworten gesucht. Dieser Prozess führt uns zu unserem Innersten. Alles, was schon in uns ist und einmal abgespeichert wurde, sucht sich jetzt seinen Ausdruck.

Auf unserem Weg sollten wir uns der Trauer immer wieder von neuem stellen. Zu Beginn begegnen wir ihr minütlich, stündlich und täglich. Nach und nach greifen die anderen Aspekte in unserem Leben wieder größeren Raum. Die Trauer tritt zurück, die intensiven Begegnungen mit ihr werden seltener. Dennoch sollten wir uns immer wieder auf sie einlassen, wenn sie ihren Platz beansprucht.

Wenn wir auf die Welt kommen, handeln wir nur nach unserer Intuition. Als Babys und Kinder weinen, lachen und schreien wir, wenn uns danach ist – aus tiefstem Herzen. Wir fühlen und leben unmittelbar aus unserem Herzen. Wir nehmen keine Rücksicht und berechnen keine Folgen, wir lassen alles zu, was unser Herz im Augenblick fühlt. Mit den Jahren lernen wir, uns in unserem sozialen Umfeld zu bewegen. Das ist wichtig, um auf andere Menschen einzugehen und ein verantwortungsvoller Teil der Gesellschaft zu sein. Doch es bedeutet auch, dass wir immer rationaler werden, unserem Kalkül oft den Vorrang vor unserer Intuition geben. So hören und leben wir unser Herzensgefühl immer weniger.

Durch all die Enttäuschungen, Verletzungen und Kränkungen, die wir im Laufe unseres Lebens erfahren, fangen wir unbewusst an, unser Herz zu schützen. Auf eine Enttäuschung folgt Traurigkeit, auf eine Verletzung Schmerz, auf einen Verlust Trauer. Wir wollen dieses Leid nicht ständig ertragen müssen und glauben, aus dem Schmerz zu lernen: Wir versuchen, in Zukunft nicht mehr enttäuscht, verletzt, gekränkt zu werden. Das hat zur Folge, dass wir auch das Trauern verlernen.

Doch wer versucht, schmerzhaften Erlebnissen aus dem Weg zu gehen, kann sich nicht mehr auf Menschen einlassen. Er kann nicht lieben, nicht mehr geben und nehmen und verliert letztlich sogar den Zugang zu sich selbst. Die Lösung liegt also nicht darin, keine Verletzung mehr zu erleben. Die Lösung liegt darin, die Verluste als Teil des Lebens zu akzeptieren. Mit dem Trauerprozess haben wir die Chance, die Verbindung zwischen Kopf und Herz erneut herzustellen.

Die Grenze zwischen den Gedanken und den Gefühlen kann aufgelöst werden. Wir können falsche Glaubenssätze und Überzeugungen von uns und anderen auflösen. Somit gleichen wir Schuld- und Schamgefühle aus.

Trauer hat einen tieferen Sinn

Mit dem Suizid eines geliebten Menschen wurde die äußerliche Verbindung zu ihm brutal gekappt. Viele Jahre haben wir mit ihm gelebt, ihn kennengelernt, uns an ihn gewöhnt. Er ist Teil unseres Lebens, viele Gefühle und Erinnerungen verbinden uns mit ihm. Auf einen Schlag ist er nicht mehr da.

Wenn wir ihn bestattet haben, gibt es keine äußerliche Verbindung mehr zu ihm. Das ist schwer zu ertragen, aber unübersehbar und für niemanden zu leugnen. Schwieriger ist es, sich über die innere Verbindung zum Verstorbenen klarzuwerden. Er lebt nicht mehr unter uns, deswegen müssen wir uns von den langjährigen Gewohnheiten Stück für Stück lösen. Zugleich müssen wir unser Verhältnis zu ihm neu gestalten, eine neue emotionale Verbindung zu ihm schaffen.

Das ist ein intensiver Prozess, der Zeit braucht. In der Anfangszeit wird es uns kaum gelingen. Viel zu groß ist der Schmerz. Es ist noch zu früh, um das Geschehene zu akzeptieren und anzunehmen. Doch die Trauer ist unser Helfer. Durch sie werden wir irgendwann die nächsten Schritte gehen können. Auf dem Trauerweg wandelt sich die Trauer. Wir empfinden nicht mehr nur Schwere. Nach und nach gesellt sich zur Schwere wieder Leichtigkeit. Diese Leichtigkeit lässt uns mit dem Verstorbenen immer noch verbunden sein, aber sie ermöglicht uns gleichzeitig, auch wieder am Leben teilzuhaben. Es wird wieder zu unserem Leben.

Was sich nach dem Suizid eines geliebten Menschen in unserer Seele und unserem Körper abspielt, ist ein ganz natürlicher Prozess. Wir haben verlernt, solche Krisen auszuhalten. Neueste wissenschaftliche Studien belegen, dass der Prozess des aktiven Trauerns essenziell ist, um nach einem schweren Verlust wieder ins Gleichgewicht zu kommen. Das bedeutet, dass wir unsere Trauer annehmen, sie ausleben und aktiv gestalten sollten.

Freiwillig wollten Sie dieses »neue« Leben nie – alles würden Sie tun, um den Suizid rückgängig machen zu können. Der geliebte Mensch lebt nicht mehr, Sie leben noch. Vielleicht hören Sie nun gelegentlich den Satz: »Das Leben geht weiter.« Als Aufforderung dahingesagt, sich nicht hängen zu lassen und wieder wie gewohnt am Alltag teilzunehmen, knallt dieser Satz einem Trauernden wie eine Ohrfeige ins Gesicht. Es sind oft die unsensibelsten und am wenigsten hilfreichen Begleiter, die Hinterbliebenen so begegnen. »Na und? Was soll ich mit diesem Leben?«, möchten Sie Ihrem Gegenüber am liebsten entgegenschleudern. Menschen, die meinen, auf diese Weise zu trösten, zeigen nur ihre Hilflosigkeit. Dennoch: Machen Sie sich diesen Satz in einem anderen Sinn zu eigen. Geben Sie ihm Ihre eigene Bedeutung. Es geht eben nicht darum, dass das Leben im Prinzip wie bisher weitergeht, nur dass da eben einer fehlt. Es gibt jetzt ein neues, anderes Leben. Es ist eine andere Form weiterzuleben.

Im alten Leben saß der geliebte Mensch mit uns am Tisch, schaute uns in die Augen, umarmte uns. Im neuen Leben sehen wir den Verstorbenen mit dem Herzen und bewahren ihn in unserem Inneren. Durchlebte Trauer schafft die Verbindung zum Verstorbenen. Und egal, wie weh das tut – nur der Weg durch den Schmerz wird Sie heilen. Das Ziel eines heilsamen Trauerweges ist es, wieder aufrecht auf beiden Beinen zu stehen – und zwar auf einem lachenden und auf einem weinenden. Die Trauer wird nicht verschwinden, doch der Trauernde kann sein Lachen wiederfinden und neues Glück entdecken.

Trauer ist ein zutiefst unzeitgemäßes Gefühl, das im Alltag kaum Raum findet. Wenn Sie heilsam trauern wollen, müssen Sie zunächst einmal den Mut aufbringen, Ihre Gefühle zuzulassen und anzuschauen. Im zweiten Schritt sollten Sie beginnen, Ihre Trauer zu würdigen und als Prozess einer Neuorientierung des Lebens zu begreifen.

____Übung: Der Trauer-Freund

»Der Mensch ist das einzige Wesen,
das sich einsam fühlt und den anderen sucht.«
(Octavio Paz)

In der Zeit der Trauer verliert man oft sein Selbstwertgefühl oder hat keinen Zugang mehr dazu. Trauen Sie sich, einen imaginären Freund an Ihre Seite zu holen, der Ihnen in der schweren Zeit neue Wege aufzeigt. Ein Freund, der achtsam mit Ihnen umgeht, den Mut in Ihnen entdeckt und Ihnen dabei zusieht, wie Sie den Weg der Trauer gehen.

Dieser Freund kann Ihnen immer wieder zur Seite stehen. Mit einer Entspannungsübung am Anfang und nachdem Sie Ihren Begleiter zu sich geholt haben, können Sie in einen Austausch gehen. Der Begleiter wird Ihnen Dinge zeigen oder Empfehlungen geben, die Sie ohnehin längst in sich tragen, die aber vielleicht durch den Schmerz und die Trauer verschüttet wurden.

1.Teil: Die Trauer als Freund

Zeitaufwand:	mindestens 30 Minuten
Schwierigkeitsgrad:	Diese Übung wird nicht immer leicht sein – nutzen Sie die Augenblicke, in denen Sie sich gut fühlen.
Voraussetzungen:	Machen Sie es sich an einem möglichst ruhigen Platz ohne Telefon gemütlich. Sie sollten nicht sprechen müssen – nur ruhig atmen!
Ziel:	Lernen Sie Ihren liebevollen Begleiter kennen, der in Zukunft bei Ihnen sein wird.

Suchen Sie sich einen guten Platz, an dem Sie nicht gestört werden. Setzen Sie sich bequem auf einen Stuhl oder Sessel und spüren Sie mit beiden Füßen den Boden. Spüren Sie, wie der Rücken die Lehne berührt, Ihre Oberschenkel, den Po. Atmen Sie tief ein und aus. Versuchen Sie zur Ruhe zu kommen. Entspannen Sie Ihren Körper – spüren Sie, wie der Atem durch die Nase ein- und ausfließt. Seufzen Sie einmal von ganzem Herzen.

Gehen Sie mit Ihrem inneren Auge an Ihren Stärke-Wohlfühlort. Spüren Sie, dass Sie sich wohlfühlen und es Ihnen gutgeht. Was riechen Sie? Sollten Gerüche auftauchen, die Ihnen nicht guttun – schicken Sie sie weiter. Spüren Sie Ihre Füße am Boden. Genießen Sie die Ruhe und Geborgenheit an Ihrem Ort. Dann laden Sie mit Ihrer inneren Stimme Ihren inneren Begleiter ein. Schauen Sie, wer oder was da kommt. Ein Wesen, ein Symbol, ein Tier... Schauen Sie, wer erscheint. Sollte jemand oder etwas auftreten, der oder das Ihnen nicht guttut, nehmen Sie es wahr, seien Sie beharrlich und schicken Sie es/ihn/sie weiter. So lange, bis etwas oder jemand auftaucht, den Sie auf Ihrer Reise an Ihrer Seite haben möchten.

Das sollte kein Mensch sein, den Sie kennen, sondern jemand oder etwas

»Neutrales«. Seien Sie neugierig und offen für das, was kommen wird. Heißen Sie es willkommen. Wie sieht diese Gestalt aus? Betrachten Sie sie ausgiebig und fragen Sie, ob sie Ihnen etwas sagen möchte. Vielleicht will sie Ihnen auch etwas zeigen. Seien Sie bei ihr, geben Sie sich Zeit – hören Sie auf das Gesagte oder nehmen wahr, was gezeigt wird. Gehen Sie in Kontakt und fragen Sie, ob die Gestalt, das Tier etwas von Ihnen benötigt.

Geben Sie sich so viel Zeit, wie Sie brauchen. Wenn Sie spüren, dass alles gesagt ist, und Sie das Gefühl haben, Sie könnten sich verabschieden, überlegen Sie sich, ob es ein Wort gibt, mit dem Sie in Zukunft Ihren liebevollen Begleiter holen möchten. Oder vielleicht ist es eine Geste? Vereinbaren Sie gemeinsam, wie Sie schnell in Kontakt treten können. Dann bedanken Sie sich für sein Kommen und verabschieden sich von dem Begleiter und Ihrem Ort. Kommen Sie langsam wieder ins Hier und Jetzt zurück. Rekeln und strecken Sie sich. Gähnen Sie – atmen Sie tief ein und aus. Schütteln Sie Ihren Körper und die Glieder wieder wach. Kommen Sie wieder an im Hier und Jetzt.

2.Teil: Bergwanderung – Trauer annehmen und anschauen

Sie haben den Suizid eines geliebten Menschen erleben müssen. Ihre große, schwere Aufgabe und Herausforderung ist es, ohne diesen Menschen zurechtzukommen und den Verlust gut und gesund in Ihr Leben zu integrieren. Da kann es hilfreich sein, sich seiner Trauer, seiner Gefühle, seiner Glaubenssätze bewusst zu werden. Sie wahrzunehmen – die guten wie auch die unangenehmen –, um ihnen Raum zu geben, damit Sie sie anerkennen können. Dadurch haben Sie die Möglichkeit, bewusst mit der Trauer und dem Geschehen umzugehen. Wir werden bei dieser Übung eine Bergwanderung durch all unsere Gefühle machen. Wir werden unseren Rucksack füllen mit Emotionen, mit Gesagtem und Nichtgesagtem.

Um diese Wanderung beginnen und durchführen zu können, werden Sie sich erst Ihren Trauer-Freund an Ihre Seite holen, den Begleiter, der Ihnen beistehen kann und der Sie unterstützt. Nicht dass wir Ihnen diese Reise nicht alleine zutrauen. Der Trauer-Freund soll lediglich in den Momenten da sein, wenn Sie Unterstützung brauchen. Vielleicht beantwortet er Ihnen manchmal eine Frage oder hilft überlegen, was Sie denn noch brauchen, geben oder festhalten möchten.

Zeitaufwand:	mindestens 30 Minuten
Schwierigkeitsgrad:	Es sollte mindestens ein halbes Jahr seit dem Tod vergangen sein. Sie müssen bereit sein, ein Stück der Trauer abzugeben. Machen Sie diese Übung, wenn Sie sich gut fühlen. Sie können sie auch im Beisein einer Person durchführen, der Sie zutrauen, mit Ihrem Schmerz und der Trauer umzugehen. Es kann sein, dass Sie sich sicherer fühlen, wenn Sie im Anschluss jemand auffängt und für den Austausch da ist.
Voraussetzungen:	Machen Sie es sich an einem möglichst ruhigen Platz ohne Telefon gemütlich. Sie sollten nicht sprechen müssen – nur ruhig atmen! Barfuß – ohne Schuhe!
Ziel:	Sie geben bei einer Bergwanderung ein Stück Schwere Ihrer Trauer ab.

Sie stehen am Fuße eines Berges und holen sich mit einem Wort oder einer Geste Ihren liebevollen Begleiter an die Seite. Sie begrüßen es/ihn/sie und heißen es willkommen zu Ihrer Bergtour. Auf dem Rücken spüren Sie Ihren Rucksack – der Rucksack ist sehr schwer. Gerade so schwer, dass Sie ihn noch tragen können. Sie spüren die Tragegurte auf Ihren Schultern. Auf dem Weg werden Sie erfahren, was alles in dem Rucksack steckt. Es ist Ihr Trauerrucksack. Dieses Gepäck haben Sie sich seit dem Verlust Ihres geliebten Menschen aufgeladen. Sie laufen langsam los. Auf einem bequemen, breiten Weg gehen Sie entlang an Bäumen, an einem Bach … Sie hören die Vögel, das Summen der Bienen, riechen den Wald. Sie sehen den Gipfel. Dort möchten Sie heute hin. Sie spüren den Rucksack.

Ihr liebevoller Begleiter ist dabei. Aus der Ferne sehen Sie einen größeren Stein auf dem Weg liegen.

Sie nähern sich diesem Stein. Der Stein steht für Ihren Schmerz. Wie sieht dieser Stein aus? Wie groß ist er? Kann man ihn zur Seite legen, drübersteigen, oder müssen Sie außen herumgehen? Spüren Sie hin und sehen Sie Ihren Schmerz. Ihr liebevoller Begleiter ist an Ihrer Seite und hilft, wenn Sie eine Pause brauchen. Fragen Sie ihn dann, was Sie machen sollen, und hören Sie darauf. Gehen Sie, wenn Sie können, wieder zu Ihrem Schmerz. Wie schwer ist Ihr Schmerz? Wie viel Platz nimmt er in Ihrem Rucksack ein? Sie gehen weiter. Dann entdecken Sie wieder einen Stein – dieser steht für den Tod Ihres geliebten Menschen. Wie schwer tragen Sie an der Todesart? Wie viel Platz nimmt sie in Ihrem Rucksack ein? Spüren Sie nach …

Dann gehen Sie weiter. Sie werden vielleicht noch dem ein oder anderen Stein begegnen. Welche sind es? Wut? Angst? Schauen Sie sich jeden einzelnen an. Nehmen Sie sich die Zeit, die Sie brauchen, um herauszufinden, was alles in Ihrem Rucksack steckt. Legen Sie Pausen ein, wenn Sie Pausen brauchen, und gehen Sie erst weiter, wenn Sie sich bereit fühlen.

Schließlich gelangen Sie an den Gipfel. Es ist ein unglaublich schöner Platz – ein Felsen, eine Wiese oder Bank lädt Sie dazu ein, sich hinzusetzen und den schweren Rucksack an Ihre Seite zu stellen. Sie spüren noch den Abdruck auf Ihrem Rücken. Sie atmen tief ein und aus. Die Wanderung war unglaublich anstrengend. Ihr liebevoller Begleiter hat Sie das ein oder andere Mal gut unterstützt und sitzt jetzt auch neben Ihnen. Sie schauen zum Himmel – sehen Sie Wolken? Sehen Sie einen Vogel? Genießen Sie das Ankommen und verweilen Sie. Erspüren Sie, ob Sie soweit sind, Ihren Rucksack zu leeren. Gehen Sie noch einmal innerlich durch, womit er alles gefüllt ist. Nehmen Sie die einzelnen Steine oder Symbole aus dem Rucksack und legen Sie sie ins Gras. Sagen Sie Ihrem liebevollen Begleiter, wofür jedes Einzelne steht: für Ihren Schmerz, Ihre Angst, Trauer, Wut … für all das, was in Ihrem Rucksack steckt und den Alltag oft schwer macht.

Dann nehmen Sie nacheinander jedes Symbol in die Hand und schauen, was davon Sie wieder mit nach unten nehmen möchten und was Sie auf dem Gipfel lassen dürfen. Prüfen Sie, ob es noch notwendig ist, an gewissen Dingen festzuhalten. Vielleicht weil Sie Ihnen »Halt« geben. Suchen Sie nach

einer Lösung, ob Sie in Zukunft anders mit diesem Gefühl umgehen können. Wenn Sie nicht selber auf eine Lösung kommen, fragen Sie Ihren liebevollen Begleiter. Sollten Sie beide keine Lösung finden, dann ist die Zeit für eine Umwandlung dieser Emotion noch nicht da. Vielleicht entdecken Sie bei der Wut einen Weg, sie neu oder anders auszudrücken – laufen zu gehen, in ein Kissen zu schlagen, zu schreien ... einen Weg, sie anzunehmen, aber »gut« mit ihr umzugehen. Schauen Sie, ob es Ihnen bei den anderen Gefühlen auch gelingt. Zum Beispiel bei der Angst, für immer alleine zu sein ... Vielleicht können Sie wöchentlich ein Treffen mit einem Freund vereinbaren, in eine Trauergruppe gehen, ein Theaterabo kaufen. Darf der Schmerz sich schon wandeln in eine liebevolle Erinnerung? Die Sehnsucht bleibt, sie ist mal größer und mal kleiner. Sie ist und bleibt ein Teil von Ihnen. Was darf abgelegt werden und mit welchem Gepäck gehe ich wieder nach unten? Wie viel Trauer brauchen Sie noch? Ist es immer noch so viel wie am Anfang? Oder haben Sie das Bedürfnis, ein wenig loszulassen? Vielleicht können Sie sich schon entscheiden, wie viel Trauer Sie noch brauchen.

Bevor Sie sich wieder auf den Rückweg machen, werden Sie sich bewusst, dass Sie all das für Ihren Trauerweg gebraucht haben. Jede einzelne Erfahrung und Emotion war wichtig, um überhaupt so weit zu kommen. Bedanken Sie sich dafür bei den vor Ihnen liegenden Steinen oder Symbolen. Das, was Sie noch brauchen und mitnehmen möchten, packen Sie wieder so in den Rucksack, dass Sie es gut tragen können. Sie können nur ein Teil von jedem nehmen und ein neues, anderes Symbol. Was Sie dort lassen, legen Sie an einen schönen Ort in der Natur, damit es weiterziehen kann und sich verändert. Sie spüren ein wenig Wehmut und Leere, aber bei längerem Hinspüren auch eine Leichtigkeit. Ihr Rucksack fühlt sich leicht, gut und trotzdem gefüllt an. Er drückt nicht mehr auf den Schultern. Sie machen sich mit Ihrem Begleiter auf den Rückweg. Unten angekommen, spüren Sie, dass Sie einiges Schmerzliche auf dem Gipfel lassen konnten und gleichzeitig Ihren Verstorbenen liebevoll im Herzen tragen. Fragen Sie Ihren Begleiter, wenn Ihnen noch etwas auf dem Herzen liegt. Ansonsten verabschieden Sie sich und bedanken Sie sich für seine Unterstützung.

Sie wissen, dass Sie jederzeit an diesen Ort zurückkehren können. Es kommt vielleicht der Zeitpunkt, an dem es Dinge gibt, die Sie nicht mehr brauchen. Denken Sie immer daran: Alles hat seine Zeit. Kommen Sie langsam wieder mit Ihrer Aufmerksamkeit im Hier und Jetzt an.

Trauerverweigerung macht krank

Trauern ist keine Krankheit – allerdings kann Nichttrauern krank machen! Wenn Trauern gut gelingt, ist es von höchster Wichtigkeit für die Gesundheit und bringt neue Perspektiven für das Leben. Trauern können wir nur um etwas, das wir sehr geliebt haben – sonst wäre uns der Verlust gleichgültig. Daher ist Trauer Ausdruck von Liebe. Die Liebe zu dem verlorenen Menschen kann sich zu Beginn des Trauerweges nur in Form von tiefem Schmerz zeigen, der Trauer. Nur weil wir fühlen und lieben und leben, spüren wir Trauer. Ein Mensch, der trauert, lebt.

Es hat nichts Heldenhaftes, sich zu beherrschen, die Tränen zurückzuhalten und den Suizid scheinbar unberührt »wegzustecken«. Auch wenn uns der Beifall unseres sozialen Umfelds für so viel »Contenance« sicher sein dürfte: Es ist vollkommen falsch, seine Trauer zu unterdrücken, weil wir damit Leben unterdrücken.

Schlimmer noch: Trauerverweigerung hat dramatische Folgen für unsere seelische und körperliche Gesundheit. Der Suizid eines Menschen ist eine der intensivsten und schmerzhaftesten emotionalen Belastungen, die Menschen erfahren können. Es können starke negative Gefühle entstehen, die krank machen, wenn wir ihnen kein Ventil verschaffen.

Die Psychoneuroimmunologie kann heute nachweisen, welche Bedeutung die fortwährende Negativbewertung unserer Lebensperspektiven durch unser Empfinden und Denken auf das Immunsystem hat. Körper und Seele werden durch die fehlende Entspannung fortdauernd mit Stresshormonen geflutet. Das führt zu einer zunehmenden Erschöpfung und Schwächung unseres Immunsystems. Anhaltende schwere, schwierige Gefühle lösen chronischen Stress aus, die daraus resultierenden Herz-Kreislauf-Erkrankungen – auch Osteoporose, Diabetes, sogar Demenz, hervorgerufen durch eine übermäßige Stressbelastung – können den frühzeitigen Tod bedeuten. Wer seine Trauer unterdrückt, nimmt langfristig Schaden und muss mit seelischen und ernsten körperlichen Störungen rechnen.

Die Trauer und ihre Muster

Trauer ist ein Prozess, an dem wir wachsen oder scheitern können. Trauerforscher wie Elisabeth Kübler-Ross, John Bowlby oder Verena Kast haben beschrieben, nach welchen Mustern der Trauerprozess abläuft. In der Trauerbegleitung ist man sich heute einig, dass der Trauerprozess nicht stringent in diesen beschriebenen Phasen verläuft. Einige Phasen wiederholen sich, oder man erlebt sie erst gar nicht. Die einen dauern kürzer, in einer anderen bleibt man vielleicht dauerhaft. Es ist für Trauernde dennoch eine gute Orientierung, wenn sie die Phasen eines Trauerwegs kennen. Sie können damit leichter einordnen, was mit ihnen geschieht und besser damit umgehen. Zusätzlich zu den unterschiedlichen Phasen lässt sich meist auch ein wellen- oder spiralförmiger Verlauf der Trauer feststellen: Manchmal kommt sie mit aller Gewalt über uns, dann ebbt sie wieder ab. Andere fühlen sich wie in einer Spirale, in der sie immerzu kreisen.

Wir zeigen erprobte und gangbare Wege auf, um in einen guten Trauerprozess zu finden. Dazu müssen wir verstehen, was mit uns geschieht, was der Suizid eines Angehörigen in uns auslöst.

Die Zeiten der Trauer*

Zeit der Verleugnung
Die Phase des Schocks: »Das ist nicht wahr – es ist nur ein Albtraum!«
*Traueraufgabe: den tiefen Fall aufhalten – zunächst nur begreifen:
Ja, es ist da, es ist mir passiert. Immer wieder über das Geschehene
zu sprechen, erzeugt Realität.*

Zeit der Verzweiflung
Die Phase der extremen Emotionen wie Schuldgefühle, Schuld-
zuweisungen, Wut, Zorn, Aufbäumen gegen das Schicksal – wa-
rum gerade ich?
*Traueraufgabe: Emotionen zulassen, ausleben und durchleiden.
Vor allem nichts in sich hineinfressen. Dem Schmerz Raum geben,
weinen, schreien, Gefühle rauslassen und langsam die eigenen
Grenzen wiederfinden.*

Zeit der Vereinsamung
Die dunkle, tiefe Phase der Trauer: Erschöpfung und Resigna-
tion. Der Verlust jeden Lebensmutes. Gefahr von Krankheit und
Depression. Todessehnsucht. Die labilste und gefährlichste
Phase der Trauer, bei gutem Trauerverlauf aber auch der Wen-
depunkt.
*Traueraufgabe: sich nicht verschließen. Offen bleiben. Nähe von
Menschen zulassen, die uns guttun. Gefühle herauslassen. Nicht
versteinern. Und immer wieder reden, sich mitteilen über das, was
in einem vorgeht.*

Zeit der Vergebung
Die Phase der Loslösung: Akzeptieren des Unabänderlichen.
Es ist geschehen, ich kann es nicht mehr ändern. Die Suche be-
ginnt, das Sehnen nach Veränderung.

Traueraufgabe: das Leben ohne den Verstorbenen neu erfahren, eigene Wege ertasten, sich mit den veränderten Bedingungen versöhnen, nicht mehr sinnlos dagegen ankämpfen.

Zeit der Versöhnung
Die Phase bedeutet, dass der Verlust des geliebten Menschen in das eigene Leben integriert worden ist. Wir können unser Schicksal so annehmen, wie es ist.
Traueraufgabe: den Verstorbenen im Herzen behalten und das eigene Leben wieder mit Kraft und Optimismus entwickeln.

Aus »Das letzte Fest«

Trauer hört nie auf

Wenn die Trauer nicht festgehalten wird, verändert sie sich automatisch. Wenn Sie zu den Menschen gehören, die Tagebuch führen, werden Sie es nachlesen können. Jahre später werden Sie Schilderungen aus den ersten Tagen und Wochen lesen und sich denken, dass diese aus einer anderen Welt stammen. Beim Durchblättern werden Sie sehen, wie sich Ihre Trauer über die Monate und Jahre verändert hat – obwohl Sie das Gefühl hatten, in eine lange, stille Starre verfallen zu sein.

Trauer hört nie ganz auf – sie verwandelt sich. Irgendwann im Trauerprozess kommt der Punkt, an dem der Trauernde aufhören möchte zu trauern. Dies ist ein ganz wichtiger Augenblick und der Wendepunkt auf dem Weg der Trauer. Trauer ist unendlich wichtig – doch sie bestimmt nicht unser ganzes Leben. Auch die Trauer hat Grenzen. Sie können sich entscheiden, ob Sie trauern möchten oder nicht. Mit diesem Schritt spüren Sie das Leben wieder in sich. Der Wunsch, ohne Schmerz und Tränen an den Verstorbenen zu denken oder über ihn zu sprechen, stellt einen wichtigen Impuls dar.

Auch wenn wir wieder im Leben angekommen sind, bleibt die Sehnsucht nach dem Verstorbenen – meist unterschwellig, leise und zart, manchmal kommt sie allerdings laut und mit Wucht. Die große Herausforderung der späten Trauer ist es, eine Balance zu finden zwischen dieser Sehnsucht und dem unbeschwerten Leben. Wenn wir bereit sind, uns auf beides einzulassen – die trauerfreie Zeit und die Trauer –, dann stehen wir gut auf unseren zwei »Beinen«, dem lachenden und dem weinenden. Beides hat seine Berechtigung, beides ist lebensnotwendig.

Keiner konnte Thorsten aufhalten

Mein Bruder hat schon in jungen Jahren Gedichte und andere Texte verfasst. In den letzten Monaten vor seinem Tod war er dabei, ein Buch zu schreiben. Das Buch handelte von einem Jungen, der sehr einsam war. Als wir Auszüge lesen durften, fragten wir nach, ob es da um ihn ging. »Oh Gott, nein! Das ist eine reine Fantasiefigur«, antwortete mein Bruder. Ich glaubte es ihm nicht. Ich nannte ihm konkrete Beispiele aus dem Buch, doch er stritt es vehement ab und versicherte uns, dass wir uns keine Sorgen machen müssten. Es ginge ihm gut. Wir wären die Ersten, die es erführen, wenn er Hilfe bräuchte.

Obwohl Thorsten so leidenschaftlich gern schrieb, alles in Worte fasste, seine Gedanken, seine Gefühle, sein Tun, hinterließ er uns nur eine kurze Nachricht. So kurz und knapp diese Nachricht ist, so viel bedeutet sie uns. Auf einem gelben Post-it hatte er notiert, dass niemand von uns etwas dafür könne und keiner ihn hätte aufhalten können. Dieser Zettel steckte in seiner Hosentasche. Wahrscheinlich hat er ihn erst kurz vor seinem Tod geschrieben.

Dann setzte er sich auf einen Stuhl vor den Herd, atmete zwei, dreimal tief ein und vergiftete sich langsam. Hat er in diesem Moment an uns oder irgendjemanden gedacht? Hat er vielleicht kurz gezögert? Sein Tod teilt unser Leben in ein Davor und ein Danach.

Ich war mir immer sicher, dass sich niemand in meinem Umfeld und erst recht nicht mein Bruder das Leben nehmen würde. Mein Bruder war immer interessiert an meiner Arbeit und unterstützte sie. Wenn ich ihm von den Suiziden erzählte, erschütterte es auch ihn immer wieder. Jedes Mal fragte er empört: »Warum denken diese Menschen nicht an ihre Familie und daran, was sie ihr antun?« Wir sprachen viel über dieses Thema und waren uns beide einig, dass es nichts im Leben gibt, was man nicht lösen oder womit man nicht irgendwie weiterleben kann. Jetzt schien mir alles eine große Lüge. Im Nachhinein bekommt alles eine neue Bedeutung. Hatte er uns immer angelogen? Wo waren die Zeichen und Signale für seine Suizidgedanken? Ein Gespräch mit dem Kriseninterventionsteam half mir bei diesen Fragen sehr. Die Helfer erklärten mir, dass Thorsten in dem Moment, als wir uns über den Suizid austauschten, wirklich so dachte und fühlte. Das war keine Lüge. Sie erklärten mir, dass ein Mensch, der sich das Leben nehmen will, irgendwann in einem Tunnel steckt und der Suizid als einziger Ausweg erscheint. Thorsten konnte in diesem Moment nicht mehr anders. Das Gehirn schafft es, dass die Familie, die Freunde, das Leben als Ganzes nicht mehr zu sehen sind. Der Überlebenswille, den wir alle oder zumindest die meisten in sich tragen, ist nicht mehr zu spüren. Der Todeswille kappt die Verbindung zwischen Herz und Kopf.

Das hat mir geholfen, mit meinem Schmerz weiterzuleben, dass nicht einmal wir es wert waren, dass er am Leben blieb. Der Schmerz wurde zwar nicht geringer, aber der Umgang mit dem Tod einfacher.

In den ersten Tagen im Büro liefen mir unentwegt die Tränen. Ganz gleich, was ich machte, sie liefen und liefen. Auch wenn ich mich mit Dingen beschäftigte, die nichts mit meinem Bruder zu tun hatten, war

stets diese tiefe Trauer in mir. Mein Glück war, dass alle offen mit mir umgingen und ich viele Gesprächspartner hatte. Immer wieder suchte ich Kontakt, um mich auszuweinen und auszusprechen. Ich kannte ja die Trauersituation schon vom Tod meines Sohnes und wusste, dass wieder ein langer Weg vor mir lag.

In den ersten Wochen schlief ich Tag für Tag unter Tränen ein und wachte weinend auf. Mein Fühlen war bestimmt von der Sehnsucht, meinen Bruder zu sprechen, zu sehen, zu berühren und von der Gewissheit, dass das nie wieder möglich war. Jeder Tag forderte mich heraus. Ich fühlte mich zerschlagen und müde und fragte mich, was ich da eigentlich jeden Tag machte. In dieser Zeit wusste ich nicht mehr, ob ich mit meinem Beruf als Trauerbegleiterin weitermachen konnte oder nicht. Mein Herz war eine große Wunde. Wenn Hinterbliebene zu uns kamen, fing ich jedes Mal an zu weinen. Es war kaum auszuhalten und ich haderte mit mir, ob ich es überhaupt aushalten muss.

Je mehr Gedanken ich mir machte, desto mehr spürte ich, dass es mein Weg ist. Ich stand wieder am Scheideweg, mich meinem Verlust zu stellen oder dagegen anzukämpfen. Ich konnte das Schicksal annehmen oder daran zerbrechen. Ich entschied mich dafür, es anzunehmen und bin bis heute in meinem Beruf geblieben. Es ist meine Berufung. Menschen nach einem Suizid zu begleiten, hat mich vorher schon nicht unsicher gemacht. Heute verstehe ich sie mit all ihren Fragen und Schuldgefühlen noch besser. Oftmals sind die Angehörigen nach einem Suizid sehr aggressiv, auch das kann ich jetzt anders einordnen. Die Wut auf den Verstorbenen bekommen die Umstehenden ab. Diese Wut habe auch ich lange in mir getragen. Wut im Wechsel mit Schuldgefühlen.

Meiner Trauer konnte ich Ausdruck geben, als wir den Sarg meines Bruders bemalten. Das war ein befreiendes und gutes Gefühl. Ich konnte ihm noch etwas mitgeben, noch etwas für ihn tun: seinen ganz individuellen und persönlichen Sarg zu gestalten. Viele Erinnerungen kamen hoch und wir haben alle zusammen geweint und gelacht. Auch wenn es am Anfang sehr schwerfällt zu lachen, ist es befreiend und gibt die Sicherheit, dass man das Leben noch spürt.

In einem Album habe ich meine ganz persönlichen Erinnerungen an meinen Bruder gesammelt. Dies war ein wichtiger Schritt in meinem Trauerprozess. Das Album macht das ganze Leben meines Bruders sichtbar. Es gab die Geburt, die Zeit dazwischen, und dann den Tod. Sich dem zu stellen und zuzulassen, was an Gefühlen hochkommt, war sehr anstrengend. Danach stellte sich eine innere Ruhe ein. In der ersten Zeit nach dem Tod habe ich das Album sehr oft in die Hand genommen und mir angeschaut. Heute steht es sichtbar bei mir im Wohnzimmer. Fällt mein Blick darauf, bin ich meinem Bruder wieder nahe. Oder ich blättere durch und habe viele Momente wieder ganz vor Augen.

Wenn ich heute gefragt werde, ob ich Geschwister habe, sage ich: »Ja, zwei. Eine Schwester und einen Bruder. Mein Bruder hat sich aber das Leben genommen.«

 ____Übung: Das Lebensflussmodell (Renata Bauer-Mehren)

Das Lebensflussmodell zeigt mittels eines Seiles gleichzeitig Vergangenheit, Gegenwart und Zukunft als Vision auf. Das Modell dient dazu, dass wir uns die gegenwärtige Situation bewusst machen: Erinnerung als Ressource, Zukunft als Vision und Wunsch, Gegenwart als die Fülle dessen, was im Hier und Jetzt vorhanden ist.

 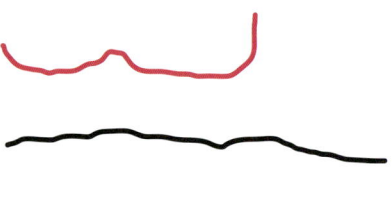

In der Trauer um einen geliebten Menschen können so die miteinander gelebten Anteile sichtbar werden und auch, dass das eigene Leben trotz des Verlustes weitergeht und das des Verstorbenen in einer anderen Dimension.

Material:	2 Seile, möglichst farbig (Bergsteigerseile), runde, farbige Plankarten, Symbole wie Steine, Blumen, Kerzen u. a., reichlich Platz im Raum
Zeitlicher Rahmen:	eine Sitzung (50–60 Minuten)

1. Schritt

Der Trauernde legt zuerst das Seil aus, das seinen eigenen Lebensfluss darstellt. Die Zukunft kann offen bleiben, das heißt, sie muss noch nicht endgültig gelegt sein. Wichtig ist, das Seil bis zum gegenwärtigen Zeitpunkt zu legen. Dieser Punkt wird markiert.

Dann markiert der Trauernde wichtige Punkte in der eigenen Vergangenheit. Er legt runde Karten an diese Punkte und schreibt ein Stichwort darauf. Was bedeutet dieses Ereignis für mich? Was hat es mir an Einsicht, an Stärke, an Erkenntnis gebracht?

2. Schritt

Das Seil für den Verstorbenen wird dazu gelegt, es kommt aus einer anderen Richtung. Der Punkt der Begegnung wird markiert. Wie war das? Was bedeutet mir dieses Erlebnis? Was kann ich daraus schöpfen?

Weitere Stellen der Gemeinsamkeit, aber auch der Konflikte werden gelegt und besprochen. Es ist wichtig, dass alles in der Erinnerung gegenwärtig ist, obwohl der geliebte Mensch verstorben und jetzt nicht mehr da ist. Machen Sie sich immer wieder bewusst: Erinnerung bleibt!

3. Schritt

Das Seil des Verstorbenen wird nun aus den nebeneinander verlaufenden Richtungen in eine andere Richtung gelegt – zum Zeitpunkt der Trennung. Wie weit entfernt, wie parallel zur eigenen Richtung, entscheidet der Trauernde. Das zeigt natürlich auch seine Haltung und Spiritualität und sollte ebenfalls thematisiert werden.

4. Schritt

Wo stehe ich als Trauernder heute? Bin ich schon ein Stück weitergegangen oder befinde ich mich noch am Ort der Trennung? Das ergibt wichtige Hinweise auf die seelische Verfassung des Trauernden. Hier kann er in alle Richtungen blicken: Was kann er aus der Vergangenheit mitnehmen, was stärkt ihn? In die Zukunft blickend: Was kann ich mir vorstellen, wo ich in drei Jahren, in fünf Jahren bin? Jetzt wird das Seil neu gelegt und mit Wünschen und Visionen beschriftet – lassen Sie das Ende offen, fragen Sie sich aber durchaus, ob ein langes Leben vorstellbar ist und was in diesem geschehen soll.
Trauernde sind häufig suizidal (ohne den Verstorbenen ist alles sinnlos) – hier ist es wichtig, »Anknüpfungspunkte« an das eigene Leben zu finden.

5. Schritt

Das Seil des Verstorbenen neu legen und betrachten: Was glaube ich, wo er ist? Wie es ihm geht? Kann ich ihn gehen lassen, kann ich ihn los-lassen? – Erlaube ich mir und ihm, dass wir unterschiedliche Wege gehen? Vielleicht kann es gelingen, das Seil des Verstorbenen in einer gemäßigten Entfernung neben dem eigenen verlaufen zu lassen. Ich bleibe stets in guter innerer Verbindung mit ihm und kann die eigene Realität wahrnehmen. Ich erlange die Erlaubnis, dass auch jemand anderes dazukommen darf, falls das angesprochen wird (z. B. Ich will nicht alleine bleiben – aber dann »verrate« ich ihn ...).

6. Schritt

Wieder an den heutigen Punkt am eigenen Seil zurückkehren. Hat sich etwas verändert? Gibt es vielleicht hier eine neue Sicht, einen kleinen Schritt vorwärts? Blick in die Zukunft: Was sehen Sie da? Wie geht es Ihnen da? Was können Sie als ersten kleinen Schritt morgen tun, um dorthin zu kommen? Aufschreiben und wie eine Hausaufgabe mitgeben.

7. Schritt

Überlegen Sie sich, ob ein Foto gewünscht wird: entweder mit Polaroid oder eines, was gleich ausgedruckt bzw. geschickt wird.

Auf einen Blick

- Suizid ist eine für den Hinterbliebenen besonders belastende Todesart, die Fragen aufwirft, die sich bei anderen Todesarten nicht stellen. Für den Hinterbliebenen steckt in der Selbsttötung auch eine Aussage über die Beziehung zum Verstorbenen.

- Die Trauer ist kein Feind, der bekämpft werden muss. Wenn wir lernen, uns auf sie einzulassen, erkennen wir, dass Trauer ein Heilungsprozess ist.

- Das Ziel besteht nicht darin, keinen Schmerz mehr zu erleben. Das Ziel besteht darin, Schmerz zu bewältigen. Das lehrt uns die Trauer.

- Nach dem Tod eines Menschen müssen wir eine neue emotionale Bindung zu ihm schaffen. Durchlebte Trauer schafft die Verbindung zum Verstorbenen.

- Ziel eines heilsamen Trauerweges ist es, mit der Trauer zurück ins Leben zu finden – Schmerz und neue Lebensfreude auszubalancieren, im Gleichgewicht auf zwei »Beinen« zu stehen, dem lachenden und dem weinenden.

- Die intensiven Gefühle, die nach einem Suizid bei einem Hinterbliebenen entstehen, brauchen ein Ventil. Werden sie unterdrückt, schüttet der Körper Stresshormone aus, die uns krank machen können.

- Im Trauerprozess zeigen sich immer wiederkehrende Muster. Der Verlauf ist bei jedem Menschen anders, doch viele erkennen sich bei den von Trauerforschern beschriebenen Phasen wieder und einige erleben ihre Trauer ganz anders.

- Trauer hört nicht auf, Trauer wandelt sich. Ein Wendepunkt ist erreicht, wenn der Trauernde der Trauer aus eigener Entscheidung heraus Grenzen setzen kann.

Gefühle zeigen

Der Schmerz hat eine Aufgabe

Der Trauerprozess ist keine Naturkatastrophe, die mit Ihnen macht, was sie will. Sie sind kein Opfer, das diesen Vorgang erdulden muss. Am gesündesten ist ein Trauerprozess dann, wenn Sie ihn aktiv und in vollem Bewusstsein mitgestalten. Nur dann können Sie Ihren Verlustschmerz wirklich zulassen. Der Schmerz ist nicht Ihr Feind – bekämpfen Sie ihn nicht! Schlaftabletten, Psychopharmaka, Alkohol oder gar Drogen mögen verführerisch wirken – eine Hilfe im Trauerprozess sind sie nicht. Wenn Sie das Gefühl haben, dass Sie gar nicht ohne ein Mittel auskommen, das Ihre Qualen ein wenig lindert, suchen Sie nach homöopathischer Hilfe. Auch die kann Ihnen wieder einige Nächte Schlaf verschaffen.

Manche Angehörige erzählen uns später, dass sie sich an die Beerdigung nicht mehr erinnern, weil sie Tabletten genommen haben. Die letzten Schritte an der Seite des Verstorbenen, das letzte Fest für ihn bleiben dadurch für immer eine Leerstelle im Leben. Diese Menschen trauern nun den fehlenden Erinnerungen nach. Häufig glauben Freunde, es wäre besser, wenn sie sich um alles kümmern und stellen die Betroffenen ruhig. Wir hören oft als Begründung, die Hinterbliebenen hielten es sonst nicht aus. Wir fragen uns: Wer würde was nicht aushalten? Würde die trauernde Mutter es nicht aushalten, dass sie schreit und weint vor Schmerz? Würde der Vater es nicht aushalten, dass er seinen Schmerz in Aggressionen zeigt? Oder sind es doch eher die nicht ganz so unmittelbar Betroffenen, die Freunde und entfernteren Verwandten, die diesen Schmerz nicht sehen wollen?

Wo gehen diese Emotionen hin, wenn ich sie mit Tabletten unterdrücke? Sie sind auch unter der Betäubung da und brauchen die Möglichkeit, gelebt zu werden. Je intensiver wir uns gegen unsere Gefühle wehren und sie zu betäuben versuchen, desto mehr verlängern wir unseren Schmerz. Wir machen die Schutzschicht um unser Herz immer dicker. Trauer hat nur eine Chance: Sie muss über den Schmerz ihren Weg nach außen finden.

Die Natur hat sich etwas dabei gedacht, dass wir Schmerz empfinden. Über die Nervenbahnen meldet der Körper dem Gehirn, dass etwas nicht stimmt und dass Schaden eintreten wird, wenn wir nicht reagieren. Wenn Sie mit der Hand versehentlich auf eine heiße Herdplatte fassen, schmerzt das – und Sie ziehen Ihre Hand zurück. Natürlich könnten Sie starke Schmerzmittel nehmen und die Hand auf der Herdplatte lassen. Wenn die Medikamente stark genug sind, spüren Sie nichts, während Ihre Hand verbrennt. Sie können dieses Beispiel auf den Verlustschmerz übertragen: Wenn Sie sich fortwährend betäuben, spüren Sie nichts, während Ihre Seele kaputtgeht.

Deshalb wollen wir uns in der Trauer nicht von der Bewertung anderer Menschen abhängig machen. Jeder Trauernde hat seine Zeit und braucht seine Zeit. Manchmal scheint sie unendlich. Trauer kann man nicht abkürzen. Es kommt für jeden Trauernden darauf an, dass er wieder lernt, seinem Körper zu vertrauen, damit seine Gefühle den Ausdruck finden, der in dieser Ausnahmesituation der einzig angemessene ist. Kein Eindruck ohne Ausdruck. Hat die Trauer die Aufgaben unserer verletzten Seele gelöst, dann wird sie sich verändern und nach und nach vergehen. Wir machen jedem Trauernden Mut, Gefühle zu zeigen und das, was nach außen will, nach außen zu lassen. Akzeptieren Sie Ihre Trauer mit ihrer ganzen Kraft, denn sie wird Sie auf Ihrem Trauerweg begleiten und Ihnen helfen.

Alle Gefühle, die Sie nicht nach außen tragen, suchen sich im Inneren ihren Weg. Wer Emotionen dauerhaft verdrängt, verfällt in Bitterkeit, empfindet Leere oder wird von Depressionen geplagt. Den Schmerz herauszulassen kostet Zeit, Kraft und verlangt unsere ganze Aufmerksamkeit. In dieser Zeit ist es unglaublich wichtig, immer wieder Pausen zu machen, Pausen für den Kopf und das Herz. Wenn die schlimmen Gefühle Sie zu sehr bedrängen, suchen Sie sich Ihr Ventil. Gehen Sie raus. Schreiben Sie. Rufen Sie jemanden an und sprechen Sie. Was wir zunächst als Einschränkung unserer Lebensfunktionen und unseres Lebensmutes erleben, ist in Wirklichkeit eine ganz natürliche und sehr sinnvolle Reaktion unseres Körpers, die uns helfen soll, einen tiefen Schock zu verarbeiten.

 ## ____Übung: Wenn Kopf und Herz mal eine Pause brauchen

»Das Herz hat seine Gründe,
die der Verstand nicht kennt.«
(Blaise Pascal)

Alle Menschen, die schon einmal den starken emotionalen Belastungen eines Verlustes ausgesetzt waren, kennen das: Gefangen auf dem Grübelkarussell, drehen wir uns in immer gleichen Gedankenschleifen, bis uns »schwindelig« wird. Trübe Gedanken bestimmen unseren Alltag. Und nicht nur das. Sie prägen das Empfinden, das Wohlgefühl. Gedanken wie: »Hätte ich doch bloß angerufen oder wäre hingefahren, dann …«

Ihr Gehirn und Ihr Körper reagieren mit einem Gefühl auf diese Gedanken. Bleiben Sie ausschließlich in diesem Gedankenkarussell, kann es zu Schlaflosigkeit, Gereiztheit und dem Verharren in einem ständigen Alarm- und Trauerzustand kommen, aus dem Sie sich aus eigener Kraft kaum noch zu retten vermögen. Eine weitere Folge können Angst und Panikattacken sein, die Sie vollständig lähmen.

Je länger Sie in den trüben Gedanken und somit Gefühlen bleiben, desto größer ist die Gefahr, dass sich Ihre Wahrnehmung einschränkt. Sie bleiben in einem Tunnel aus Angst, Schuld, Hass, Enttäuschung und Trauer stecken. Und das Karussell dreht sich immer weiter. Doch Kopf und Herz brauchen auch mal eine Pause! »Gute«, positive Gedanken, die gute Gefühle hervorrufen, kann man üben – Sie selbst können Sie beeinflussen.

Einerseits ist es für Ihren Trauerweg unglaublich hilfreich und wichtig, für all Ihre Gefühle Raum zu schaffen, Ihrem Schmerz, Ihrer Wut genauso wie Ihrer Verzweiflung, den Ängsten und natürlich auch der Liebe für den Verstorbenen. Zu diesem Weg gehören natürlich auch die »Hätte ich doch …« und »Warum habe ich nicht …«-Fragen. Sie drängen sich auf.

Diese Gefühle und Gedanken möchten wir auch nicht weg- oder schönreden. Wichtig ist es jedoch, den gesunden und natürlichen Prozess Ihrer Trauer im Fluss zu halten und dafür zu sorgen, dass sich nichts verhärtet, vereist. Sie sollten nicht emotional stehenbleiben und zur Salzsäule erstarren, weil Sie nur noch zurückblicken und nicht mehr vorankommen.

Diese Übung verschafft Ihnen eine Pause von den trüben Gedanken. Denn nur, wenn Sie immer wieder gut für sich sorgen, können Sie die nächsten Schritte in Ihrem Trauerprozess gehen und zulassen.

Tatsächlich vermag man die »negativen« Gedankenketten nur sehr schwer unterbrechen. Es ist leichter gesagt als getan. Aber wenn Sie das schaffen, sind Sie auf Ihrem Weg wieder einen Schritt vorangekommen. Sie selbst müssen entscheiden, ob Sie etwas für Ihre Lebenskraft tun wollen. Denn nur Sie können in dieser besonderen und schweren Zeit für gute Gefühle sorgen.

Diese Gefühle lassen sich durch Übungen aktivieren. Solche Übungen können Sie auch unterwegs oder in der Arbeitspause machen, wenn Sie merken, dass es wieder einmal schwierig ist, sich zu konzentrieren. Ebenso wichtig sind die körperlichen Übungen. Gefühle und Gedanken sollten auf allen Ebenen trainiert werden, damit alle Sinne angesprochen und wieder aktiviert werden. Finden Sie heraus, welche Übungen Ihnen zusagen. Probieren Sie es aus.

Zeitaufwand:	gering
Schwierigkeitsgrad:	gering
Dauer:	ca. 5 – 20 Minuten
Voraussetzungen:	Keine – am Anfang brauchen Sie vielleicht einen ruhigen Platz ohne Telefon. Sie sollten nicht sprechen müssen – nur ruhig atmen!
Ziel:	Sie richten Ihre Aufmerksamkeit gezielt auf gute Gedanken und damit gute Gefühle – und geben Herz und Kopf eine Pause vom Gedankenkarussell.

Gedanken-Gefühlsreise:

Setzen Sie sich ruhig hin – ganz gleich, wo. Die Übung funktioniert auch wunderbar im Büro, sogar in der U-Bahn, eigentlich überall. Fixieren Sie mit

Ihrem Blick einen frei gewählten Punkt, der leicht oberhalb Ihrer normalen Blickrichtung liegt, oder schließen Sie die Augen. Atmen Sie tief ein und aus. Nehmen Sie sich mit Ihrem Körper wahr.

Bleiben Sie angespannt, wenn es Ihnen Sicherheit gibt, oder lassen Sie los. Welche Gefühle löst es in Ihnen aus, wenn Sie an einen ersten schönen Herbsttag denken? Sie sehen und riechen den Nebel, die Sonne blinzelt sanft durch die bunten Blätter, wärmt und streichelt Ihre Haut. Sie atmen die frische, leichte Luft, die die Nacht mitgebracht hat. Sie ist ganz rein und klar. Sie hören Vögel singen und sonst nichts. Sie spüren, wie mit jedem Atemzug immer mehr Wärme und ein gutes Gefühl in Ihnen aufsteigen. Sie nehmen dieses Gefühl mit – ein Gefühl der inneren Stärke. Ein Glücksgefühl.

Gedanken ablenken:

Wenn Sie merken, dass Gedanken Ihnen gerade Angst machen und Sie sie nicht loswerden, kann Ihnen konzentrierte Ablenkung helfen: Denken Sie an Ihr Lieblingstier, zum Beispiel einen Hund. Suchen Sie nun ein Tier, das mit dem letzten Buchstaben beginnt, in diesem Fall also »d«, und führen Sie die Reihe immer weiter fort. Dackel – Luchs – Sau ... Ihrer Fantasie sind keine Grenzen gesetzt. Wenn Ihnen keine mehr einfallen, erfinden Sie Tiere. Das Wichtige an dieser Übung ist, das werden Sie schnell selbst merken: Ihre Aufmerksamkeit ist auf etwas anderes gerichtet und nicht mehr auf Ihre Angst- oder Ohnmachtsgedanken.

Diese Übung funktioniert mit allem, was Ihnen einfällt – Pflanzen, Autos, Prominente ... Erfinden Sie, sorgen Sie für eine Auszeit in Ihrem Kopf und Ihrem Herzen. Wenn Sie eher ein Zahlenmensch sind, können Sie sich natürlich auch Rechenaufgaben stellen: 100 minus 7 ist 93, minus 7 ist 86, minus 7 ist 79 usw.

Wahrnehmung und Achtsamkeit üben:

Diese Übung funktioniert, wo immer Sie gerade sind. Zuhause, beim Spazierengehen, in der Arbeit. Wenn Sie es können, versuchen Sie vor diesen Übungen immer bewusst tief ein- und auszuatmen, um sich auf die Übung einzulassen.

Beschreiben Sie fünf Dinge, die Sie gerade sehen. Lassen Sie sich Zeit. Werten und urteilen Sie dabei nicht. Nehmen Sie nur wahr und sagen sich still zum Beispiel: »Ich sehe eine Frau, die gerade in einem Café sitzt.« Oder: »Ich sehe einen Vogel, der fliegt.« Folgen Sie ihm mit Ihrem Blick. »Ich sehe einen Apfel an einem Baum. Einen Mann, der Rasen mäht. Ich sehe grüne Blätter, die mit dem Wind spielen ...«

Nun benennen Sie fünf akustische Reize, die Sie wahrnehmen. Auch hier gilt: Lassen Sie sich Zeit. Sagen Sie sich zum Beispiel: »Ich höre ein Flugzeug, das über mich hinwegfliegt. Ich höre Schuhe klackern, ich höre den Wind im Laub der Bäume rascheln, ich höre einen Hund bellen ...«

Nun schulen Sie Ihre Wahrnehmung nach innen: Benennen Sie fünf Körperempfindungen – nicht Gefühle. Konzentrieren Sie sich wieder auf den Atem. Sagen Sie zum Beispiel: »Ich fühle meine Füße auf festem Boden. Ich fühle den Druck der Lehne in meinem Rücken, ich spüre die Wärme/Kälte auf meiner Haut ...«

Diese Schritte – fünf Dinge, die Sie sehen, fünf Dinge, die Sie hören, fünf Körperempfindungen – führen Sie sie jeweils 4 x, 3 x, 2 x und 1 x durch. Sie können gerne öfter dasselbe nennen.

Durch die wechselnde Konzentration auf Ihre Sinneswahrnehmungen und die Wiederholungen lenken Sie Ihre Aufmerksamkeit vom Grübeln weg. Damit gelangen Sie bewusst ins »Hier und Jetzt«. Wenn Ihnen diese Übung guttut, beginnen Sie sie ruhig erneut. Machen Sie diese Übung regelmäßig, damit trainieren Sie Ihre Wahrnehmung und Achtsamkeit.

Merken Sie, dass Ihr Körper Übungen braucht, die gute Gefühle stärken, helfen beispielsweise Yoga, Pilates, Autogenes Training, Meditation, Tanzen, Wandern, Singen (zum Beispiel in einem Trauerchor) oder Kreative Kurse.

Weinen ausdrücklich erlaubt!

Zur Trauer gehört auch das Weinen. Leider hat Weinen in unserer Gesellschaft keinen angemessenen Platz. Gern genommen werden berechenbare Tränen oder solche, die niedrige Gefühle der Zuschauer befriedigen: Ein erfolgreicher Sportler darf nach einem triumphalen Sieg ein paar Tränen der Rührung verdrücken, ein gesellschaftlicher Außenseiter darf sich in den Boulevardmedien vorführen lassen.

Wer ehrliche Tränen des Leids vergießt, wer seinen Tränen im Schmerz freien Lauf lässt, verstört seine Mitmenschen. Umgekehrt meinen viele, sie müssten sich ihrer Tränen schämen.

»Ein Indianer kennt keinen Schmerz!«, heißt das Motto, das schon Kindern eingetrichtert wird. Dabei ist medizinisch vielfach nachgewiesen, wie wichtig Tränen und Gefühle für den Heilungsprozess der Trauer sind. Wir sagen: »Ein Indianer kennt *seinen* Schmerz!« Uns erstaunt es bei unseren Gesprächen immer wieder, wie oft die Betroffenen einen Anstoß oder gar die »Erlaubnis« zur Entfaltung ihrer individuellen Trauer brauchen. Wie häufig haben wir in unserer Trauerbegleitung Menschen vor uns sitzen, die mit den Tränen kämpfen und dann sagen: »Entschuldigen Sie, dass ich jetzt weine. Können wir später weitermachen?«

Dann antworten wir: »Na ja, Sie erzählen mir gerade, dass sich Ihre Frau gestern Abend das Leben genommen hat und jetzt sollen Sie nicht weinen? Wenn nicht jetzt, wann sonst?«

Die meisten sehen uns dann unvermittelt an, verlieren mit einem Mal ihre gedrückte Haltung und sagen erleichtert: »Sie haben ja recht.«

Dann fließen die Tränen und es kommt vor, dass wir selbst so berührt sind und auch Tränen fließen. Weil es uns rührt. Weil dieses Gebot, nicht weinen zu dürfen, aufgehoben wurde und sich der Schmerz der Betroffenen zeigt. Weil wir wissen, wie gut es tut, wenn man weint.

Weinen befreit Körper und Seele von Stressgiften, die durch belastende Emotionen freigesetzt werden. Tränen sind ein wirkungsvoller Schutzmechanismus für Körper, Geist und Seele. Wenn Sie sich äußerlich verletzen, schreien Sie spontan auf; Sie wimmern und fluchen, weil es Ihnen wehtut. Für solch einen unkontrollierten Ausbruch hat jeder Verständnis. Nur weinen dürfen Sie nicht – Indianer, Sie wissen schon ...

Bei seelischem Schmerz ist die Lage noch schlimmer: Der äußere Anlass ist für die Umstehenden schlechter erkennbar, das Verständnis geringer. Dabei sind Tränen doch das wichtigste Ventil. Wir fordern Sie deshalb ausdrücklich dazu auf: Lassen Sie Ihren Tränen freien Lauf!

Lassen Sie Ihre Gefühle zu, wenn Ihnen danach ist – und lassen Sie sich von niemandem sagen, wie viel Weinen angemessen ist. Das wissen Sie ganz allein.

Tränen heilen

Menschen, die weinen, sind nicht schwach. Wer Gefühle zeigen kann, ist stark, auch wenn er sich selbst in diesem Moment vielleicht gar nicht so fühlt. Jeder, der schon einmal den Mut hatte, seinen Tränen freien Lauf zu lassen, kennt das Gefühl: Irgendwann kommt der Punkt, an dem man von selbst wieder ruhig wird. Ein befreiendes Gefühl macht sich breit. Die Natur hat sich etwas dabei gedacht, wenn die Tränen nach außen fließen. Tränen ermöglichen uns den unmittelbaren Zugang zu unseren Verletzungen; mit Weinen können wir unsere Emotionen nach außen transportieren. Wir reinigen uns und schaffen so Platz für Neues. Seien Sie gut zu sich selbst, auch wenn die Tränen zu den ungeeignetsten Gelegenheiten kommen. Dann brauchen Sie in diesem Moment eben die Möglichkeit und den Raum.

Die Trauer kommt manchmal aus dem Nichts: »Schau mal, der sieht aus wie mein Bruder«, oder: »Das Kind lächelt wie mein Sohn damals.« Die Erinnerung ist immer wieder plötzlich da – mal macht sie traurig, mal nicht. Immer jedoch berührt sie uns. Und deshalb ist es ganz natürlich, dass Menschen plötzlich einfach weinen, wenn sie zum Beispiel im Radio ein Lied hören, das sie an einen besonderen Augenblick mit dem Verstorbenen erinnert. In einem solchen Moment ist die Emotion wichtig und darf auch sein – und sei der Tod noch so lange her. Wenn die Trauer einen guten Verlauf genommen hat, wird sie uns in diesem Augenblick nicht mehr überwältigen – aber sie ist und bleibt ein Teil unseres Lebens.

Heilsam trauern muss sich mit der Einsicht verbinden, dass wir für eine Weile nicht perfekt funktionieren, dass wir den Erwartungen unserer Umgebung einmal nicht entsprechen, dass wir Zeit brauchen für unsere Tränen. Es geht hier nicht um Haltungsnoten, den Grad unserer Selbstbeherrschung oder darum, was wir alles aushalten können – es geht schlicht um unsere Gesundheit und unser Seelenheil.

Tränen – kleine Wunderwerke der Natur*

- Eine einzige Träne wiegt zwar nur 15 Milligramm – und ist damit viermal so leicht wie eine Schneeflocke –, doch sie ist ein Wunderwerk der Natur.

- Im Alltag bewahren Tränen unsere Augen vor dem Austrocknen; sie schwemmen Staubkörner heraus und versorgen die Augen mit Nährstoffen wie Kalium, Kalzium und Mangan.

- Amerikanischen Studien zufolge weinen nur 55 Prozent der Männer einmal im Monat – Frauen mit 94 Prozent dagegen doppelt so oft. Verantwortlich ist allerdings nicht die Erziehung, sondern die Hormone.

- Weibliche Tränen sind um ein halbes Grad wärmer als männliche, sie sind geschmeidiger und kullern schneller.

- Frauentränen senken bei Männern den Testosteronspiegel und hemmen damit ihre Aggressivität. Auch wenn Babys weinen, werden Mitgefühl und Beschützerreflexe ausgelöst. Weinen verbindet die Menschen.

- Wir weinen nicht nur aufgrund von körperlichem Schmerz, aus Angst und vor Wut – wir weinen auch, wenn es uns besonders gut geht. Wir weinen vor Freude, aus Liebe und aus Rührung.

- Emotional geweinte Tränen lösen die Ausschüttung körpereigener heilender Substanzen aus, etwa die Ausschüttung von Antistresshormonen.

- Beim hemmungslosen Weinen werden über 80 Muskeln im ganzen Körper bewegt – beim Küssen sind es gerade einmal 30. Weinen lockert Verspannungen und löst Verkrampfungen.

- Tränen spülen den Kummer einfach fort. Sie kühlen das überhitzte Nervensystem und sind »Löschwasser« für unsere brennende Seele.

*Aus »Das letzte Fest«

 ____Übung: Gefühle wahrnehmen – damit umgehen

Alle Gefühle gehören zu unserem Leben, und wir müssen alle unsere Gefühle ausleben, damit wir gesund werden können. Gefühle zuzulassen ist ein Zeichen von Stärke. Wer seine Emotionen verdrängt, belastet und verletzt seinen Körper und seine Seele.

Viele haben als Kinder erlebt, dass die Erwachsenen sich unkomplizierte Kinder wünschten. Wenn sie lachten und fröhlich waren, war die Welt in Ordnung. Wenn sie als Kinder schwierig wurden, Schmerz oder Kummer zeigten, wurden sie bestraft, beschämt oder verlassen. Das heiterste Geschwisterkind war immer das beliebteste. Sie lernten als Kinder: *Angenommen und geliebt werde ich nur, wenn ich fröhlich bin.* Es ist kein Wunder, dass diese Menschen als Erwachsene Schwierigkeiten haben, Traurigkeit und Trauer auszudrücken. Das Phänomen ist weit verbreitet. Wer hat es in seinem Leben noch nicht gehört? Schließlich wurde uns beigebracht, tapfer und »hart im Nehmen« zu sein, und wir haben unsere Lektion gut gelernt. Doch die Trauer lässt sich nicht abwimmeln. Sie fordert ihren Raum so lange ein, bis sie ihn bekommt. Anders ergeht es uns mit den zugelassenen und verarbeiteten Gefühlen: Sie durften in uns arbeiten, verwandeln sich, machen Platz für neue Eindrücke und Gefühle. Nehmen Sie sich ein wenig Zeit für die folgenden Fragen, um sich über Ihre Gefühle klarzuwerden. Setzen Sie sich an Ihren Lieblingsplatz und beantworten Sie jede Frage einzeln. Schreiben Sie Ihre Antworten auf. Legen Sie gegebenenfalls eine Pause ein, wenn es Sie anstrengt. Seien Sie ehrlich zu sich selbst!

- Welche Gefühle gestatte ich mir nicht und welche Folgen hat dies möglicherweise?

- Welche Gefühle erahne ich in mir? Wer könnte mir helfen, mir über meine Gefühle klarer zu werden und sie zu ergründen?

- Zu welchen Gefühlen finde ich keinen Zugang – und wer oder was könnte mir helfen, einen Zugang zu finden?

- Wie ist überhaupt mein Verhältnis zu Gefühlen? Was hat mir in der Vergangenheit geholfen, sie auszudrücken und sie zu verarbeiten?

- Gibt es unverarbeitete Verluste in meinem Leben, die jetzt an die Oberfläche kommen? Sehe ich Wege, wie ich damit umgehen kann?

- In wessen Gegenwart empfinde ich, dass ich alle meine Gefühle zulassen kann? Wer könnte sie sicherlich aushalten?

- Mit wem mag ich über meine Gefühle sprechen? Wen mag ich um Beistand bitten?

- In wessen Gegenwart empfinde ich, dass ich meine Gefühle zurückhalten muss?

- Wer versucht, meine Gefühle zu beschwichtigen und mich an ihrem Ausdruck zu hindern?

- Welche Botschaften habe ich in meiner Kindheit in Bezug auf meine Gefühle erhalten? Welche Gefühle waren erwünscht, welche wurden nicht akzeptiert? Welche Glaubenssätze trage ich in mir und welche davon kann ich heute möglicherweise lösen?

Auf einen Blick

- Betäuben Sie den Schmerz nicht mit Schlaftabletten, Psychopharmaka, Alkohol oder gar Drogen. Wer beispielsweise eine Beerdigung sediert besucht, leidet sein Leben lang unter der fehlenden Erinnerung.

- Der Schmerz, den Sie mit chemischen Mitteln bekämpfen wollen, ist auch unter der Betäubung da und sucht seinen Weg nach außen.

- Weinen befreit Körper und Seele von Stressgiften. Emotional geweinte Tränen führen zur Ausschüttung von Antistresshormonen, hemmungsloses Weinen aktiviert 80 Muskeln und löst so Verkrampfungen.

- Weinen ist kein Zeichen von Schwäche, sondern von Stärke. Wer weinen kann, hat unmittelbaren Zugang zu seinen Verletzungen und kann sich so Erleichterung verschaffen.

- Unterdrückte Gefühle können nicht arbeiten, sie erstarren und belasten uns. Zugelassene und verarbeitete Gefühle dagegen verändern sich und machen Platz für Neues.

- Wellenförmig erleben Trauernde ein Hin und Her zwischen Sehnsucht, Leere, Kummer und Nach-vorn-Denken, Ablenkung und Verdrängung.

Der Trauerprozess – lebensfördernder Verlauf, lebenshindernde Trauer

Weg der Trauer, Weg der Reife

Wir gehen den Trauerweg, um einen neuen Zugang zu dem Verstorbenen zu finden. Nie mehr wird er an unserer Seite sein: Wir müssen nun ohne ihn auskommen, alles ohne ihn erleben und durchleben.

Daher sprechen wir auch nicht rein zufällig von einem Trauerjahr. Nach einem Jahr hat der Trauernde einmal alles ohne den Verstorbenen erlebt, was in einem Jahreskreis auftaucht: den eigenen Geburtstag und den des Verstorbenen, Weihnachten, Ostern, die Jahreszeiten ... – und schließlich den ersten Todestag. Natürlich bedeutet das nicht, dass nach einem Jahr die Trauer vorbei oder nicht mehr so schlimm ist. Gerade die Jahrestage des Verlustes und auch manche Feiertage bleiben oft noch jahrelang schwierige und traurige Zeiten für den Trauernden. Doch viele Trauernde erleben, dass die Trauer sich nach etwa einem Jahr verändert. Es ist nicht mehr alles so frisch, es kommt nicht mehr von allem »das erste Mal ohne«.

Im Trauerprozess lernen wir eine neue Form der Beziehung zum Verstorbenen kennen. Wir lernen, den Menschen, den wir verloren haben, in unser Leben zu integrieren und ihn auf eine neue, gute Weise zu erinnern und zu spüren. Wir müssen den Verstorbenen nicht loslassen in dem Sinne, dass er ganz aus unserem Leben verschwindet.

Auf dem Weg der Trauer können wir lernen zu reifen. Trauer ist der Moment, in dem uns das Leben wieder zu sich rufen kann, wenn wir vergessen hatten, wie verletzlich und einmalig es ist. Die Kraft für die Trauer muss jeder Trauernde alleine aufbringen. Doch Sie sind nicht allein auf der Welt. Achten Sie sorgsam darauf, welche Begleiter Ihnen guttun und helfen. Die Erfahrung zeigt: Der wichtigste äußere Faktor für einen gesunden Trauerprozess ist die Unterstützung durch das soziale Umfeld.

Nach dem Tod, insbesondere nach dem Suizid eines geliebten Menschen, sind wir Verwundete. Mit der Trauer vernarben die Wunden, doch auch diese Narben schmerzen noch lange, oft für den Rest unseres Lebens. Trauer endet nie und wird immer wieder schmerzen. Das mag manchen erschrecken. Wäre es vielleicht besser, sie gar nicht erst zuzulassen?

Natürlich wäre das vollkommen falsch. Trauer ist elementar. Trauer zu verdrängen kostet Kraft. Trauer für den Rest des Lebens zu verdrängen, kostet mehr Kraft, als ein Mensch aufbringen kann. Aber selbst wenn er nur zeitweise verdrängt, bindet das Kräfte, die ein Hinterbliebener für anderes braucht. Je früher wir die Trauer als Helfer sehen, desto schneller werden wir es schaffen, an ihr zu wachsen. Es gibt einen Weg, mit diesem Schmerz umzugehen: Wir müssen lernen, die Trauer in unser Leben einzulassen und zu integrieren – ohne gegen sie anzukämpfen.

Je besser wir auf unserem Weg lernen, mit der Trauer umzugehen, desto mehr können wir sie als Helfer und Freund begrüßen. Irgendwann können wir diesen Freund auch wieder gehen lassen, manchmal wird er wiederkommen. Und eines Tages merken wir, wie die Trauer kommt, ohne uns mit Haut und Haar zu erfassen, ohne all unsere Kraft einzunehmen. Ist dieser Punkt erreicht, spüren und erleben wir, dass sich die Trauer vom Beginn verwandelt hat. Nicht in drei Tagen, nicht in fünf Wochen, sondern manchmal nach Jahren.

Anzeichen eines heilsam verlaufenden Trauerprozesses

- Wir können wieder Alltagsaufgaben übernehmen, ohne dass es uns sehr schwerfällt.

- Wir trauern in immer größeren Abständen, verbringen mehr Zeit mit anderen Tätigkeiten.

- Wir freuen uns auch wieder auf einen Spaziergang, Kinobesuch oder ein heißes Bad. Wir spüren uns wieder und werden entspannter.

- Wir spüren wieder langsam Kraft in uns aufsteigen.

- Die Hoffnungslosigkeit und die Angst vor der Zukunft schwinden – wir können wieder Pläne schmieden.

- Die Nächte werden wieder besser: Wir können einschlafen, wachen nicht mehr so oft auf, schlafen wieder tiefer und ruhiger.

- Wir vermissen den Verstorbenen – aber der Schmerz ist weniger heftig als am Anfang.

- Wir schaffen es, in Dankbarkeit und Wehmut an die gemeinsame Zeit zu denken.

- Belastende Erlebnisse in Bezug auf den Tod rücken in den Hintergrund, die positiven Erinnerungen erhalten mehr Raum.

Lebenshindernde Trauer

Der Trauerprozess ist ein langer, schmerzhafter Weg. Bei einem guten Verlauf endet er in der Versöhnung: Der Trauernde konnte sich auf alle Gefühle einlassen und den Verstorbenen gut in sein alltägliches Leben integrieren. Er hat eine neue emotionale Erfahrung durchlebt.

Ein Suizid gehört zu den Todesarten, die bei den Hinterbliebenen zu belastenden Erfahrungen führen. Das kann die Trauer erschweren. Dazu kommt die schon beschriebene Tabuisierung des Suizids durch Teile der Gesellschaft. Hinterbliebene empfinden oft Schuld und Scham, diese Gefühle behindern die Trauer. Wie stark und lange die Trauer das Leben des Hinterbliebenen bestimmt, hängt von vielen Faktoren ab, darunter die Persönlichkeit des Trauernden und seine inneren Ressourcen, aber auch die Umstände rund um den Todeszeitpunkt und vergangene unbearbeitete Trauer.

Nicht wenige wünschen sich nach dem Suizid eines geliebten Menschen den eigenen Tod herbei. Alles erscheint sinnlos, zu groß sind der Schmerz und die Not, weil man ohne den geliebten Menschen weiterleben muss. Auch wenn es erschreckend klingt: Selbst solche Gedanken gehören in einem gewissen Rahmen zu einem gesund verlaufenden Trauerprozess. Wir durchleben auf unserem Weg der Trauer unendlich viele Emotionen. Und noch etwas erfahren wir neu: Wir können den Tod nicht rückgängig machen. Die Erkenntnis scheint banal, und sie war uns auch schon vorher scheinbar bewusst. Doch beim Trauern erst erfahren wir, was sie wirklich bedeutet. Mit ihr können wir den langen Weg beginnen, das Unbegreifliche in unser Leben zu integrieren. Trauer hat keine Zeitvorgaben – jeder Mensch trauert anders, und jeder Mensch hat seine Zeit. Wie schon im Kapitel »Wenn Kinder sich das Leben nehmen« (siehe S. 33ff.) beschrieben, trauern Männer und Frauen unterschiedlich. Frauen sind oft emotionaler, Männer rationaler. Wobei das natürlich nur eine Faustregel ist. Immer wieder erleben wir Männer, die ihre Gefühle offen zeigen können, und Frauen, die den Verlust durch erhöhte Aktivität verarbeiten. Im Allgemeinen stellen wir aber doch fest, dass es Männern schwerfällt, über ihre Gefühle zu sprechen. Ihre Trauer drückt sich häufiger in Wut und Aggressionen aus. Männer gelten immer noch als Beschützer und haben sich angewöhnt, ihre Verletzlichkeit zu verbergen. Gefühle verarbeiten sie lieber alleine. Sie werden aktiv und stürzen sich in Arbeit. Sich zu sehr beschäftigt zu halten, kann natürlich ein Weg sein, vor seinen Gefühlen davonzulaufen. Andererseits muss es nicht in jedem Fall eine Flucht sein, die erhöhte Aktivität kann auch ein Ausdruck von Trauer sein. Männer können ihren Trauerweg am ehesten gehen, wenn sie sich dabei in Taten ausdrücken dürfen. Auch wenn wir immer wieder schreiben, dass es bedeutsam ist zu reden, seine Gefühle auszudrücken und nicht zu verdrängen, so sind diese Formen ebenso wichtig und helfen auf einem gesunden Trauerweg.

Schon kleine, schlichte Dinge können große Hilfen auf dem Trauerweg sein – auch wenn sie einem schwer Trauernden wie Herkulesaufgaben anmuten: Körperliche Bewegung tut gut, schon ein kleiner Spaziergang kann im finstersten Tunnel Wunder wirken. Bei einem gesunden Trauerverlauf gelingt es relativ bald, eine Balance zwischen der stillen Trauer und ersten Aktivitäten zu finden.

Oft wirft ein Partner dem anderen vor: »Du trauerst ja gar nicht richtig!« Solche Vorhaltungen belasten die verletzten Seelen nur noch mehr. In einer Beziehung müssen beide Partner einen Blick für die Trauer des anderen haben.

Sie kann anders aussehen als die eigene, aber sie ist deshalb nicht mehr oder weniger wert. Aktivität kann genauso eine Form von Trauer sein wie Reden. Wenn Partner das erkennen, können sie dem anderen gegenüber weicher werden und einander besser unterstützen. Es ist jedoch keine leichte Aufgabe, jedem den eigenen Weg zuzugestehen und ihn nicht zu verurteilen. Wenn sie zu schwer ist, sollten sich Paare Unterstützung von Dritten holen.

»Alles hat seine Zeit ...«

Alles hat seine Zeit
und jegliches Vornehmen
unter dem Himmel seine Stunde.
Geborenwerden hat seine Zeit,
und Sterben hat seine Zeit;
Pflanzen hat seine Zeit,
und Gepflanztes ausreißen hat seine Zeit.
Töten hat seine Zeit, und Heilen hat seine Zeit;
Zerstören hat seine Zeit, und Bauen hat seine Zeit.
Weinen hat seine Zeit, und Lachen hat seine Zeit;
Klagen hat seine Zeit, und Tanzen hat seine Zeit.
(Prediger 3, 1–13)

Der Verlust eines Menschen durch Suizid und das oft dramatische Auffinden des Toten bringen uns an die Grenzen unserer Belastbarkeit. Viele Menschen fühlen sich verloren und spüren eine ungeheure Verlassenheit und Ohnmacht. Sie verlieren jede Hoffnung, ihr Leben jemals wieder in normale Bahnen lenken zu können. Die Bilder erscheinen übermächtig – wer könnte sie je durch neue ersetzen? Die extremsten Gefühle werden nun zu völlig normalen Reaktionen: Wut, Starre, Hoffnungslosigkeit, Verzweiflung, Gefühle völliger Ohnmacht und Selbstvorwürfe. Wir sollten uns vor ihnen nicht fürchten und uns nicht scheuen, sie auszuleben. Jedoch kann es passieren, dass diese Gefühle stärker werden als wir, dass sie uns lähmen und unsere gesamte Energie rauben. Dann braucht ein Trauernder Unterstützung. Es gibt Hinweise, um zu erkennen, wann die Trauer so schwer geworden ist, dass ein Einzelner alleine keinen Weg mehr sieht. Wir sollten sie nicht außer Acht lassen.

Anzeichen einer lebenshindernden Trauer

- Sie werden immer wieder von Bildern überwältigt, die mit dem Auffinden des Toten, der Überbringung der Todesnachricht oder den Todesumständen zu tun haben.

- Wenn Sie von der Situation erzählen, haben Sie das Gefühl, alles wieder zu erleben.

- Sie vermeiden Orte, Menschen und Situationen, die Sie an das Ereignis erinnern könnten.

- Schuld- und Selbstvorwürfe bestimmen Ihren Alltag – Sie können nicht mehr schlafen, sind nur noch gereizt.

- Ihr Körper befindet sich im Dauerstress und ist ständig angespannt, alles ist eine Überforderung, Sie sind völlig kraftlos.

- Sie leiden an Konzentrations- und Gedächtnisstörungen.

- Sie können sich über nichts freuen, sind schreckhaft und leicht erregbar.

All diese Anzeichen zeigen sich in der ersten Zeit der Trauer und sind völlig normal. Sollten sie jedoch nach einigen Monaten hinweg in starker Form auftreten und merken Sie, dass Ihre Lebensenergie immer schwächer wird, dann holen Sie sich Unterstützung. In vielen Städten gibt es Einrichtungen, die sich die Begleitung von Hinterbliebenen nach einem Suizid zur Aufgabe gemacht haben. Achten Sie auf sich, bevor sich eine Depression ausbildet, die langfristige Schäden anrichtet. Holen Sie sich von Beginn an stabilisierende und unterstützende Hilfe. Schauen Sie, ob es in Ihrer Nähe ein Trauergruppenangebot gibt. Der Austausch mit anderen Betroffenen ist sehr wohltuend. Reden entlastet und kann den seelischen Druck lösen. Verstecken Sie sich nicht und machen Sie kein Geheimnis aus Ihrer Geschichte.

Geschichte: Blumenzwiebel (von Edda Reschke)

Begegnung

Es war einmal eine kleine braune Blumenzwiebel. Tief unten in der Mutter Erde schlief sie einen langen Winter lang. Irgendwann vor langer Zeit, das wusste sie aus ihrem Traum, hatte sie auch einmal etwas anderes getan als Winterschlaf zu halten. Aber das war schon so lange her. Die Farben ihrer Träume verschwammen. Nur eine Sehnsucht fühlte sie noch in sich, eine Sehnsucht, die ihre Zwiebelschalen zum Platzen brachte, bis sie einen zarten grünen Spross aus sich wachsen spürte, der die Erddecke anschubste. Neugierig schlüpfte der grüne Spross ein Stückchen weit aus der Erde.

Da prasselte etwas Kaltes, Hartes in sein Gesicht. Es tat furchtbar weh. Ein eisiger Wind fegte über das Land und bog den kleinen Spross hin und her. Es war ein Aprilsturm mit Regen und Hagel. Das Unwetter schmerzte den kleinen Spross bis in die Wurzel. Nein, das wollte er nicht aushalten! So zog er sich zurück in die Mutter Erde, abgekämpft und erschöpft. Gott sei Dank bin ich wieder hier unten!, dachte er. Hier kann mir nichts geschehen.

Zufrieden schlief die Blumenzwiebel wieder ein. Sie beschloss, mit ihrem Spross für immer unten in der Erde zu bleiben und viele Schalen wachsen zu lassen. Dann konnte ihr keiner mehr wehtun! So döste die Blumenzwiebel vor sich hin und hätte eigentlich sehr zufrieden sein müssen, wenn ... ja, wenn da nicht immer diese unerklärliche Sehnsucht gewesen wäre. Besonders stark wurde dieses Gefühl, als im Sommer Sonnenstrahlen in die Mutter Erde eindrangen. Manchmal konnte man auch Geräusche und angenehme Düfte wahrnehmen. Was war das wohl? In solchen Zeiten wurde die Blumenzwiebel nachdenklich. Hätte sie nicht doch lieber wachsen sollen, anstatt geschützt unten in der Erde zu bleiben? Aber allmählich lernte sie, ihre Sehnsucht zu verdrängen.

Der Winter kehrte zurück, und eines Tages hörte sie merkwürdige Geräusche in ihrer Nähe. Dann schubste sie jemand an: »Hey, du, hältst du auch deine Winterruhe?«

»Wer bist du? Das ist mein Stück Erde!«, sagte die Zwiebel.

»Warum denn so mürrisch? Hat dir etwa der Sommer oben nicht gefallen?«, fragte die Stimme zurück.

»Sommer über der Mutter Erde?« Bei diesen Worten kam wieder diese Sehnsucht, die die Zwiebel doch vergessen wollte.

»Was soll das? Geh weg!«

»Warst du etwa nicht oben?«, staunte die unbekannte Stimme.

Die Blumenzwiebel neigte sich zur Seite und entdeckte einen kleinen Regenwurm. Lange sahen sie sich schweigend an. Dann sagte die Zwiebel: »Ich wollte nicht. Die Aprilstürme haben mir wehgetan und mich verletzt. Wer will schon Schmerzen aushalten? Hier unten ist es gut, niemand kann mir wehtun.«

»Trösten kann dich hier unten aber auch keiner, so wie du dich in deiner Schale eingemummelt hast«, stellte der Regenwurm fest. »Willst du denn nicht leben? Hast du keine Sehnsucht nach der Vielfalt des Lebens?«

Diese Worte trafen die Blumenzwiebel mitten ins Herz. Schnell wollte sie noch einen neuen Schalenmantel um sich wachsen lassen, aber der kleine Regenwurm sprach weiter: »Leben, weißt du, was das ist? Klar, das ist auch Schmerz. Manchmal treten Leute mit ihren großen Füßen auf mich, aber manchmal bleiben auch Kinder stehen und rufen: Ein Regenwurm! Sie *stehen am Wegrand und bestaunen mich. Die Sonnenstrahlen wärmen meine Haut, in der Nacht schickt der Mond seine Silberfäden. Natürlich, es gibt Vögel, die mich fressen wollen. Aber es gibt auch Schmetterlinge, die mir leise ihre Träume zuflüstern. Ich liege im Gras und bin glücklich. Ich nehme den Duft der Blumen auf und freue mich an ihren Farben ...«*

»Farben ... Duft ... glücklich ... Das brauche ich alles nicht«, murmelte die Zwiebel.

»Im Leben gibt es Tiere, die dich brauchen«, meinte der Regenwurm. »Hier unten bist du nur still und braun, aber da oben, da blühst du in den allerschönsten Farben! Dein Duft zieht Schmetterlinge und Bienen an, du nährst sie mit deinem Nektar.«

»Sommer ... Farben ... Freude ...« Die Sehnsucht wurde so groß, sie ließ sich nicht mehr verdrängen. Die Blumenzwiebel begann bitterlich zu weinen. Da floss ihr Schmerz mit den Tränen und dem Schalenmantel dahin. »Glaubst du, das kann ich: leben?«, fragte die Zwiebel. »Ich habe Angst. Woher weiß ich, dass ich die Aprilstürme besiege?«

»Lerne dir selbst zu vertrauen und der Kraft der Liebe, die uns alle trägt«, antwortete der Regenwurm.

»Leben mit allen Farben, mit ganzem Herzen. Leben ... leben ... leben ...«, flüsterte die Blumenzwiebel. Dann sang sie sich in den Wintertraum der Hoffnung auf das kommende Frühjahr.

 ## ____Übung: Blumenzwiebel

Machen Sie es wie die Blumenzwiebel? Mit welchen Mitteln schützen Sie sich vor Schmerz, der Sie ängstigt? Welche sind Ihre »Schalen«?
Nehmen Sie sich ein Blatt Papier und malen Sie darauf, was Sie bei der Geschichte innerlich gesehen und gespürt haben. Welche Schalen schützen Ihr Herz? Welche Symbole, Wörter, Gedanken, Farben tauchen auf? Malen Sie einfach drauf los. Lassen Sie Ihre Schalen ein wenig aufbrechen!
Dann betrachten Sie Ihr Bild. Welche Farben sind darauf zu sehen? Welche Formen und Symbole? Stehen Wörter darauf? Sind Sie zu sehen? Wie viele Schalen

sind in Ihnen entstanden? Sind sie ganz groß und dick? Oder eher dünn und zerbrechlich? Warum ist jede Einzelne entstanden? Wovor sollte sie Sie schützen? Entscheiden Sie dann, welche Sie noch benötigen. Verabschieden Sie sich von den Schalen, die Sie nicht mehr brauchen. Bedanken Sie sich, dass sie für eine Zeitlang sehr wertvoll und wichtig waren.

Auf einen Blick

- Im ersten Jahr der Trauer muss der Trauernde alles zum ersten Mal ohne den Verstorbenen bewältigen. Viele Trauernde bemerken nach etwa einem Jahr zum ersten Mal, wie sich die Trauer wandelt.

- Manche leiden aber im zweiten Jahr noch mehr als im ersten. Gerade bei persönlichen Verlusten.

- Die Trauer begleitet uns weiter, und sie wandelt sich weiter. Einen guten Weg haben wir gefunden, wenn wir die Trauer zulassen können, ohne dass sie uns völlig überwältigt.

- Wenn wir wieder Lebensmut spüren, der Schmerz weniger heftig wird, wir besser schlafen können, die schönen Erinnerungen immer mehr Raum erhalten, sind wir auf dem Weg der Heilung.

- Nach einem Suizid ist die Trauer durch die traumatischen Erfahrungen oft erschwert. Manche Trauernde benötigen dann professionelle Hilfe.

- Wenn Sie sich nach einigen Monaten nicht von den traumatischen Bildern lösen können, immer wieder von ihnen überwältigt werden, sogenannte Flashbacks, nicht mehr schlafen und sich nicht mehr konzentrieren können, sind das Anzeichen für eine lebenshindernde Trauer. Sie sollten sich Hilfe holen.

IV. Schuld

Ein ganz spezieller Tod – eine ganze spezielle Trauer

Es gibt kaum einen Suizid, bei dem nicht ein paar Menschen ihr Möglichstes getan haben, um ihn zu verhindern. Die wenigsten Angehörigen ignorieren lebensbedrohliche Krisen fahrlässig. Sie versuchen, den Lebensmüden im Leben zu halten, oft unter Aufbietung all ihrer Kräfte. Trotzdem nehmen sich Menschen das Leben. Jeder einzelne Fall ist dramatisch genug. Oftmals fehlen Erklärungen für das Geschehene. Der Mensch geht – und lässt seine Familie, Freunde und Kollegen mit ihren Fragen zurück. Der Verstorbene hat selbst entschieden, sein Leben zu beenden. Das unterscheidet seinen Tod von dem eines Menschen, der durch Krankheit oder Unfall gestorben ist. Und das unterscheidet auch die Trauer der jeweiligen Hinterbliebenen. Viele Angehörige quälen sich nach einem Suizid mit der Frage nach dem *Warum*. Sie martern sich mit Vorwürfen, sie hätten zu wenig unternommen. Die Aufarbeitung dieser Schuld ist eines der zentralen Themen der Trauer nach einem Suizid.

Nicht nur Schuldgefühle plagen Hinterbliebene, sondern auch Wut und Ärger. »Wie kann er uns das antun?«, »Warum hat er nicht an seine Kinder gedacht?«, sind Fragen, die sie sich stellen. Auch diese Gefühle kommen bei einem Angehörigen nach einem schicksalhaften Tod eher selten auf. Es hat keinen Zweck, diese Gefühle zu verdrängen, auch wenn sie manchem in der Trauer unpassend erscheinen. Wir müssen uns diesen Gefühlen öffnen, sie zulassen und dem Verstorbenen noch einmal ganz nahe sein, damit wir sie verarbeiten und schließlich aufgeben können.

Jede Selbsttötung hat ihre eigene, ganz individuelle Vorgeschichte. Und doch gibt es immer wieder Gemeinsamkeiten. Angehörige, die es aus heiterem Himmel trifft, hadern mit sich und dem Umfeld. Das gesamte Leben mit dem Toten steht plötzlich infrage. War denn alles nur eine Lüge? In endloser Folge gehen sie die Gespräche mit dem Toten durch. Welche Signale und Hilferufe haben sie übersehen? Viele antworten auf die Frage nach dem

Warum, um die sich nun alles dreht, mit Schuldgefühlen. Manche suchen Schuldige im Umfeld: den Partner, der den Verstorbenen verlassen hat, den Arbeitgeber, der ihn überfordert hat, den Therapeuten, der die Not nicht erkannt hat. Vieles wird im Nachhinein neu gedeutet. Im Licht des Todes ordnet sich alles neu, auf einmal wirkt das Geschehen zwangsläufig.

Dann wiederum gibt es Familien, die mit dem Verstorbenen schon einen langen Weg hinter sich haben: Klinikaufenthalte, Suizidversuche oder Androhungen, Depressionen und viele Hochs und Tiefs. Das ist für alle Familienmitglieder sehr kräftezehrend und anstrengend. Das Leid wird unerträglich, Angehörige stoßen an ihre Grenzen und sagen schließlich laut oder im Stillen: »Dann mach es doch!«

Nimmt sich in einem solchen Fall der geliebte Mensch tatsächlich das Leben, schlagen oft zwei Herzen in den Betroffenen. Sie empfinden eine große Erleichterung, dass der oft jahrelange Leidensweg endlich ein Ende hat. Der Verstorbene wollte sich nicht mehr helfen lassen, sondern hat seinen Weg gewählt. Diesen Weg, das haben wir als Bestatter in all den Jahren aus den Erzählungen der Hinterbliebenen gelernt, geht niemand leicht. Auf der anderen Seite empfinden die Angehörigen unendliche Trauer. Sie haben ihr Möglichstes getan und müssen nun damit leben, dass sie nicht mehr helfen konnten.

Wie lange sich Hinterbliebene mit der Schuldfrage auseinandersetzen, hängt von jedem einzelnen ab. Schuld ist ein Teil des Trauerprozesses. In gewisser Weise lindern Schuldgefühle das Gefühl der Ohnmacht. Denn wer eine Mitschuld am Tod trägt, wäre an der Entscheidung beteiligt. Er hätte es aufhalten und verhindern können.

In vielen Bereichen können wir unser Leben gestalten. Wir können entscheiden, wo wir leben, mit wem, was wir arbeiten, wie unser Lebensinhalt aussieht. Aber es gibt Grenzen. Grenzen, die wir nicht gerne und nur schwer akzeptieren. Am schwierigsten ist das, wenn es um Menschen geht, die uns sehr nahestehen. Wir können füreinander da sein, geben und nehmen, lieben und helfen. Aber wir müssen akzeptieren, dass letztlich jeder allein über sein Leben entscheidet.

Erst wenn Angehörige die Frage nach der Schuld unbeantwortet lassen können, kann der innere Prozess beginnen, den Tod anzunehmen. Erst dann werden wir hinnehmen, dass wir nie genau erfahren, warum unser geliebter Mensch diesen Weg gewählt hat. Erst dann können wir ertragen, dass die wahren Beweggründe wahrscheinlich immer ein Geheimnis bleiben werden. Denn ein Suizid ist immer die Konsequenz einer Entscheidung, an der die Überlebenden nicht beteiligt wurden.

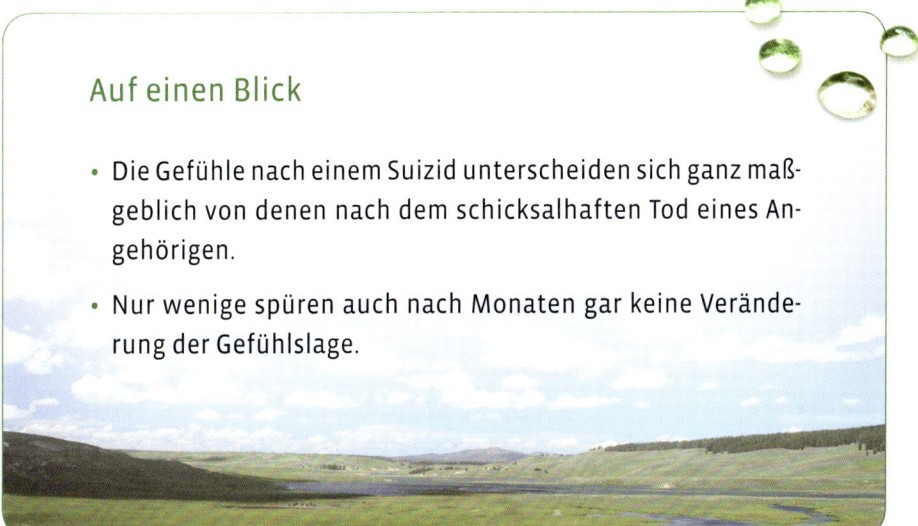

Auf einen Blick

- Die Gefühle nach einem Suizid unterscheiden sich ganz maßgeblich von denen nach dem schicksalhaften Tod eines Angehörigen.

- Nur wenige spüren auch nach Monaten gar keine Veränderung der Gefühlslage.

Schuldgefühle

Die erste Zeit: Aushalten lernen – auf allen Seiten

In der ersten Zeit nach der Todesnachricht ist kein Hinterbliebener bereit für Argumente. Er durchlebt ein Gefühlschaos und kann nicht differenzieren, was wahr ist und was nicht. Der Schmerz überwältigt ihn, und es scheint dem Hinterbliebenen vollkommen zwingend, dass er am Tod schuld sein muss. Denn wenn er den Partner zum Beispiel nicht verlassen hätte, wäre der doch jetzt noch am Leben! Außenstehende können noch so viel beschwichtigen, argumentieren, beknien – nein, er würde jetzt noch leben! Die rationalen Erörterungen dringen nicht zum Trauernden durch – ihn beherrscht ein Gefühl, dass das Gegenteil sagt: »Hätte ich nicht vor zwei Tagen gesagt, ich ziehe aus, wäre er jetzt noch da.«

Der Trauernde ist in diesem Zustand völlig mit sich beschäftigt und versucht – auch mittels heftiger Gefühlsausbrüche – langsam das Chaos seiner entfesselten Gefühle wieder zu ordnen. Er muss ganz allmählich begreifen, was da geschehen ist. Sein allererster Schritt besteht dabei darin, überhaupt nur zu akzeptieren, *dass* es geschehen ist, und zwar unwiderruflich.

Wenn sich ein Trauernder Selbstvorwürfe macht, dann sollten Freunde und Familie nicht widersprechen. Sie sollten nicht dagegen argumentieren, sie sollten die Vorwürfe aber auch nicht bestätigen. Sie sollten einfach nur zuhören, aufnehmen, da sein.

Das ist jetzt ihre Aufgabe. Es ist das Wichtigste, was in dieser Phase der Trauer zu tun ist: Verständnis und Mitgefühl zeigen. Zuhören, ohne zu urteilen und zu werten. Es wäre ein Fehler, wollte man dem Trauernden einreden, dass er sich irre. Noch schlimmer wären die – leider oft üblichen – verharmlosenden Sprüche: »Der war doch selbst schuld.« »Das wird schon wieder!« »Nun hör mal auf damit und schau nach vorn!« »Da müssen andere viel härtere Dinge durchstehen, ich kenne da eine … Sie hat es gar nicht verdient.« Warum meinen wir immer, dass wir zu allem etwas sagen müssen? Weil wir denken, der Trauernde erwarte, dass man reagiert und zu seiner Gefühlslage etwas sagt. Aber nein. Wir sind es, die von uns erwarten, dass wir etwas sagen. Der Trauernde tut das gar nicht.

Wir sind es womöglich auch, die die Stille nicht aushalten, den ungefilterten Schmerz. Der Trauernde hat ohnehin keine Wahl: Er muss sein Leid ertragen. Und Menschen, die wirklich beistehen wollen, müssen lernen, ihn in seinem Leid auszuhalten – ganz gleich, wie es sich äußert.

Einmal hatten wir einen Fall, in dem ein Mann seine beiden Söhne und dann sich selbst getötet hatte. Nur wenige Stunden nach der Todesnachricht saß die Mutter der toten Kinder bei uns. Sie nahm einen Block aus ihrer Tasche und stellte uns eine organisatorische Frage nach der anderen. Sie hatte sich schon vorher Fragen notiert und hakte sie der Reihe nach ab: Daten, Fakten, Kosten, Termine. Wir fanden zunächst überhaupt keinen Zugang zu ihr. Ihr Block schien der einzige Halt, den sie zu diesem Zeitpunkt hatte. Sie funktionierte. Uns signalisierte sie, dass sie noch nicht in der Lage war, dem Schmerz und der Trauer Raum zu geben. Sie gab uns das Thema und die Geschwindigkeit vor. Wir waren da und hörten zu. Wir hielten das Schweigen, das Entsetzen und die Sprachlosigkeit aus. Alles andere hätte ihre innere Zerrissenheit nicht ertragen. Am Ende des Gesprächs sagte die Mutter zu uns: »Ich möchte mich bei Ihnen bedanken. Das Gespräch hat mir so gut getan. Weil Sie mich haben sein lassen.«

Sehr oft erleben wir in unserer Arbeit, dass Trauernde uns gegenüber betont sachlich auftreten. Sie wollen den Tod ihres geliebten Menschen möglichst schnell hinter sich bringen und geschäftsmäßig abwickeln. Das ist eine vollkommen legitime Reaktion auf einen Todesfall. Auch wenn der Ansatz unseres Bestattungsinstituts ein völlig anderer ist – wir zwingen niemanden dazu, sich dem Tod gleich mit seinen Gefühlen zu stellen. Ein trauernder Mensch soll zunächst einmal einfach nur »sein« dürfen. Wir wollen niemanden bedrängen. Seit vielen Jahren bekommen wir immer wieder Bestätigung. Immer wieder sagen uns Trauernde später: »Es war so gut, dass Sie einfach nur da waren. Und es war so gut, dass Sie mir einfach nur zugehört haben.«

Mein Weg vom (Selbst-)Mitleid zum Mitgefühl

In der ersten Zeit nach dem Suizid meines Bruders Thorsten empfand ich neben Schmerz vor allem Wut und Schuld. Als große Schwester hatte ich schon früh die Aufgabe übernommen, auf meine kleineren

Geschwister aufzupassen. Ich fühlte mich verantwortlich für die beiden – auch noch im Erwachsenenalter. Das ging viele Jahre gut. Aber an dem Punkt, an dem es um Leben und Tod ging, gelang mir das Aufpassen nicht. Wie konnte das sein? Ich war nicht da, als mein Bruder anfing, mit dem Gedanken zu spielen, sein Leben zu beenden. Ich konnte ihn nicht beschützen. Ich konnte uns nicht beschützen. Dieses Gefühl trug ich sehr lange in mir.

Thorstens Tod kam völlig überraschend. Es tat zusätzlich weh, sich ständig vor anderen für seinen Tod rechtfertigen zu müssen. Ständig hörte ich die Frage: »Hatte er Depressionen? Und ihr habt nichts gemerkt?« Da hatte ich es: Ich hätte es doch merken müssen! Was hätte ich merken müssen? Dass er sich zurückzieht und sagt, er brauche seine Ruhe? Dass er auf die Frage, wie es ihm gehe, sagt, es gehe ihm gut? Dass er von Schlafstörungen erzählt, aber auch davon, dass er solche Phasen öfter hat und die auch wieder vorbeigehen? Dass er gerne zum Schwimmen gegangen ist oder Pfannkuchen gemacht hat? Das Abenteuer gesucht hat und auf Reisen war? Dass er in Kneipen und ins Kino ging? Woran soll man merken, dass jemand beschließt, sein Leben zu beenden? Woran? Zu den Schuldgefühlen kam Wut. Warum hatte er uns das angetan? Wie konnte er nur so egoistisch sein, obwohl er doch durch meine Arbeit genau wusste, welches Leid ein Suizid über eine Familie bringt? Ich war lange der Meinung, ich hätte es verhindern können. Das ganze gut gemeinte Zureden von Freunden: »Ihr habt doch alles für ihn getan und wart auch immer für ihn da« kam zwar im Kopf an, aber nicht im Herzen. In den ersten Jahren konnte ich nur sagen, dass ich seine Entscheidung respektiere, aber nicht akzeptiere. Ich war so wütend und gleichzeitig fühlte ich mich schuldig. Hätte ich nicht genauer nachfragen müssen? Es war eine innere Unruhe und Rastlosigkeit, immer wieder alles durchzugehen. Ich brauchte die Rekapitulation in Endlosschleife. Er konnte mir ja keine Antwort mehr geben, also musste ich Zwiesprache mit mir halten.

Die Gesellschaft gibt einem zusätzlich noch das Gefühl, dass ja irgendetwas in der Familie nicht stimmen kann, wenn sich jemand das Leben nimmt. So sind wir fest in dem Glauben, dass wir es selbst in der Hand haben. Als könnten wir mitentscheiden über Leben und Tod. Aber dem ist nicht so. Das musste ich selber schmerzhaft erfahren, und so viele Angehörige saßen mir in den letzten Jahren gegenüber, die genauso verzweifelt waren und nichts »gemerkt« hatten.

Irgendwann nach vielen Gesprächen mit anderen und Zwiesprachen mit mir selbst wurde mir klar, dass mich und uns keine Schuld trifft. Ich kam immer mehr zur Einsicht, dass es seine Entscheidung war – aus welchen Gründen auch immer. Ich fing an, Verantwortung zu übernehmen und – ganz entscheidend –, die Verantwortung meinem Bruder zuzusprechen. Schuld hält die Wunde offen. Verantwortung ermöglicht, die Wunde zu öffnen, aber auch wieder zu schließen und heil werden zu lassen. Mir wurde immer bewusster, dass ich mir selbst leid tat, weil ich ohne meinen Bruder weiterleben musste. Dass mein Bruder mir leid tat, weil er an diesem Leben nicht mehr teilhaben konnte. Wenn ich eins gelernt habe, dann, dass Mitleid mein Gegenüber entmündigt. Dass es mich hindert und blockiert auf meinem Weg in ein Leben ohne Selbstmitleid. Und das wollte ich nicht. Ich wollte weder meinen Bruder entmündigen noch die Achtung vor mir selbst verlieren. Mitgefühl war das Richtige. Ich lernte, Mitgefühl für ihn und für mich zu entwickeln, ohne Wertung, ohne Anschuldigungen, ohne Hass und ohne Wut. Das hat Jahre gedauert. Jahre, bis ich innerlich meinen Frieden gemacht hatte mit der Entscheidung meines Bruders.

Heute, sieben Jahre später, kann ich sagen, dass es seine Entscheidung war. Ich sage es nicht nur, sondern ich spüre es auch. Es ist zu einer inneren Haltung geworden. Ich habe ihn nicht halten können. Er wollte es nicht.

Schuld ist auf Dauer keine gesunde Verbindung zum Toten

Jemand, der sich entschlossen hat, sich das Leben zu nehmen, plant seinen Tod sehr häufig akribisch. Den Überlebenswillen, der Menschen sonst vom letzten Schritt abhalten würde, haben Menschen, die ihren Suizid planen, längst abgelegt. Leider haben sie auch den Punkt überschritten, an dem sie sich noch überlegen, welches Leid ihr Suizid bei den Hinterbliebenen anrichtet. Diese Gedanken spielen in den Überlegungen eines zum Suizid entschlossenen Menschen nur noch eine nachgeordnete Rolle. Denn das Ziel ist der Tod. Der Tod löst keine Angst mehr aus, sondern wird als Befreiung empfunden, weil er im Gegensatz zum Weiterleben das Ende des als unerträglich empfundenen Schmerzes zu verheißen scheint. Jeder Angehörige muss sich diesen Prozess immer wieder vor Augen halten. Denn hier zeigen sich auch die Grenzen der Schuld, den Suizid eines Menschen nicht verhindert zu haben.

Die bekannte Trauerbegleiterin Chris Paul hat sehr überzeugend erläutert, dass Schuld das letzte Bindeglied zum Verstorbenen sein kann. Ohne Schuldzusammenhänge wäre für einige die innere Bindung zum Verstorbenen nicht mehr vorhanden. Schuldgefühle machen es dem Hinterbliebenen leicht, sich dem Verstorbenen nahe zu fühlen: Sie kommen ganz von alleine, sie lindern das Gefühl der Ohnmacht, sie geben ihm die Möglichkeit, alternative Szenarien durchzuspielen (»Wenn ich xy gemacht hätte, dann ...«), sie halten Erinnerungen an den Verstorbenen lebendig. Das ist für einige Hinterbliebene äußerst hilfreich. Denn dieser Zugang zum Verstorbenen ist oft bequemer, als sich all den anderen schwierigen Gefühlen wie Wut oder Enttäuschung zu stellen. Doch er erschwert den Weg zur Verarbeitung und zu den schönen Erinnerungen. Schuldgefühle sind nur vorübergehend, aber nicht dauerhaft als Verbindung zum Toten geeignet.

Der Trauerprozess stellt uns die Aufgabe, den Verstorbenen zu integrieren und mit ihm in Verbindung zu bleiben. Die heilsame Verbindung entsteht aus allen Erinnerungen, positiven Erlebnissen und Gefühlen, die wir mit dem Verstorbenen hatten. Besteht die Verbindung nur aus schweren Gefühlen und Schuld, dann wird das auf Dauer sehr belastend. Die positiven Erinnerungen treten in den Hintergrund, Verbitterung macht sich breit.

Schuldgefühle sind wie Wut, Enttäuschung oder gar Hass legitime Gefühle, die zum Trauerprozess gehören. Doch das Ziel ist es, sie zu überwinden. Dazu müssen wir sie erkennen und zulassen. Wenn wir uns erlauben, alle, auch schmerzhafte, unangenehme, beschämende Gefühle zu leben, können wir unser Gleichgewicht wiederfinden. Wenn wir uns dem Schweren stellen, ihm seinen Raum geben und es überwinden, wird auch das Heitere wieder erscheinen. Nur so kann unser Leben vollständig sein – mit Platz für Trauer, ohne das Schöne zu leugnen, und Platz für Fröhlichkeit, ohne die Trauer zu leugnen.

Und so kann auch die Verbindung zu unserem Verstorbenen vollständig sein: mit belastenden und negativen Erinnerungen, die aber immer unwichtiger werden, und schönen Erinnerungen, die uns trösten können. Dies ist die heilsame Verbindung zum geliebten Menschen, mit der wir auf Dauer in Frieden leben können.

____Übung: Kraftquellen meines Lebens – Mein Kraftquellenmandala

»Schon die Natur lehrt es jedem, dass der Gebrauch der Kraft die Kraft nicht allein weckt, sondern sie ganz besonders auch erhöht und steigert.«
(Friedrich Wilhelm August Fröbel)

Durch die Erfahrung des Suizids eines geliebten Menschen kann es geschehen, dass Sie keinen Zugang mehr zu Ihren inneren Fähigkeiten, zu Ihrer ureigenen Kraft haben. Sie können sich nicht mehr vorstellen, dass Sie sich selbst wieder eine innere Sicherheit schaffen können. Wahrscheinlich haben Sie vor der Erfahrung des Suizides schon einige kleinere und größere Krisen im Leben erlebt. Diese haben Sie gemeistert und »überlebt« – dank Ihrer Kraftquellen. Kraftquellen sind eigene, persönliche »Lösungen«, wie man mit Herausforderungen, Problemen und Schwierigkeiten umgehen kann. Jeder Mensch hat seine eigenen, völlig unterschiedlichen Kraftquellen. Manche haben Sie vielleicht schon in der Kindheit gefunden, andere haben Sie sich im Erwachsenenalter erschlossen. Wir sind uns oft selbst nicht bewusst, auf welche »Quellen« wir zurückgreifen können und welche überhaupt vorhanden sind. Unterschiedliche Probleme und Herausforderungen brauchen auch ganz unterschiedliche innerliche und/oder äußerliche »Kräfte«. Diese Übung soll Ihnen Ihre eigene, persönliche Schatzkiste zeigen. Sie sollen erkennen, welche »Quellen« Sie schon in sich tragen und wie diese Sie stärken. Machen Sie sich bewusst, worauf Sie zurückgreifen können, wenn es wieder einmal schwierig wird. Wenn Sie Ihre eigenen Kraftquellen kennen, werden Sie mit Krisen anders umgehen können.

Diese Übung gibt Ihnen auch auf, in Zukunft besser auf Ihre Quellen zu achten. Vielleicht gewinnen Sie bei der Übung ja auch die eine oder andere Quelle dazu. Bei dieser Übung geht es nicht darum, Defizite aufzuzeigen, sondern ausschließlich die Fähigkeiten, mit denen Sie Probleme oder Schwierigkeiten bewältigen und schon bewältigt haben.

Zeitaufwand:	mindestens 2 Stunden
Schwierigkeitsgrad:	mittlere bis hohe Konzentration
Voraussetzungen:	Papier, Stift und Zeit – und natürlich die nötige Ruhe.
Ziel:	Sie reflektieren, mit welchen Kraftquellen Sie schon Krisen überstanden haben, um immer wieder daraus schöpfen zu können und um Ihre Lebenskraft zu stärken.

Die Übung

Nehmen Sie sich Papier und Stift. Machen Sie es sich bequem, wo immer Sie es bequem haben. Das kann im Schlafzimmer auf dem Bett sein, in einer Ecke in Ihrem Wohnzimmer oder am Küchentisch. Wichtig ist, dass Sie nicht gestört werden. Wenn Sie möchten, schließen Sie die Augen oder fixieren einen Punkt. Dann atmen Sie tief ein und aus. Spüren Sie, wo Ihr Körper den Boden oder den Stuhl berührt. Lassen Sie los. Begrüßen Sie nochmal die aufkommenden Gedanken, um sie dann zu verabschieden und ganz im Hier und Jetzt zu sein.

Dann gehen Sie für sich folgende Fragen durch, erinnern sich, lassen Revue passieren und schreiben auf, was Ihnen dazu einfällt. Es geht darum, die daraus folgenden Kraftquellen aufzuschreiben.

- Was verschafft Ihnen glückliche Gedanken?
  Vielleicht hilft es, wenn Sie die Frage aufnehmen und sagen: »Ich habe glückliche Gedanken, wenn ...« oder »Die glücklichsten Gedanken habe ich, wenn ... ich an einen bestimmten Strandtag denke, an eine tolle Begegnung ...«

- Was verschafft Ihnen gute Gefühle?
  »Ich habe gute Gefühle, wenn ... ich ein schönes Bad nehme, auf der Terrasse sitze, im Garten arbeite, Fußball spiele ...«

- Was tröstet Sie?
  Ihr Lieblingsfilm? Der Anruf bei der besten Freundin? Ein Treffen mit dem Freund? Ihr Lieblingsshirt?

- Was tut Ihrem Körper gut?
  Eine Massage? Eine Wanderung? Ihre Lieblingscreme?

- Was finden andere an Ihnen gut? Was bewundern sie an Ihnen?
  »Meine Freunde/Familie finden an mir gut, dass ... ich so zuverlässig bin, so klug bin, freundlich, fair, ehrlich ...«

- Was hat Ihnen früher schon in schwierigen Situationen geholfen?
  Freunde anzurufen, die Fähigkeit zu vergeben, dankbar zu sein, Hoffnung zu haben ...

- Welche Stärken sind Ihnen gewachsen?
  »Meine Stärken sind ... Verantwortung zu übernehmen, kreativ zu sein, gut für mich zu sorgen, meinen Weitblick einzusetzen, meine Großzügigkeit ...«

Welche Gefühle entstehen beim Erinnern und Aufschreiben? Erfüllt es Sie mit ein wenig Stolz und Selbstwertschätzung? Mit dieser Übung machen Sie Ihre eigenen Kräfte sichtbar. Sie soll Ihnen einen Werkzeugkasten für künftige Krisen schaffen. Wenn Sie all Ihre Kraftquellen aufgeschrieben ha-

ben, gehen Sie auf die Suche nach einem Symbol für all Ihre Krisenhelfer. Vielleicht ist es eine Duftflasche, die alles in einem vereint oder ein bestimmter Stein, ein Bild, ein Satz, den Sie auf eine kleine Karte schreiben, ein Tier aus Stoff, Filz oder Stein? Nehmen Sie dieses Symbol und tragen Sie es in Ihre Handtasche, Jackentasche oder Ihrer Geldbörse bei sich. Nehmen Sie es in die Hand und aktivieren Sie so Ihre Kraftquellen, wenn es mal wieder schwierig wird. Überlassen Sie es nicht mehr dem Zufall, wann Sie sich wieder gut und stark fühlen.

Sie können auch ein Mandala ausmalen. Jede Farbe steht für eine Ihrer Fähigkeiten und erinnert Sie an das, was Sie ganz alleine schaffen und können: Krisen überstehen und überleben. Gut für sich sorgen! Nur wenn Sie gut für sich sorgen und wieder stabiler werden, können Sie das Erlebte bestehen und in Ihr Leben integrieren. Üben Sie immer wieder bewusst, Ihre Kraftquellen anzuschauen und bewusst einzusetzen. Dadurch stärken Sie Ihre Lebenskraft.

Der Kopf in der Schlinge

Wir hatten eine Begleitung, da waren Mann und Frau seit über zehn Jahren ein Paar und hatten einen achtjährigen Sohn. Die Frau kam eines Tages zu uns, weil ihr Mann sich erhängt hatte. Sie war unglaublich aufgelöst und konnte vor lauter Weinen und Schluchzen kaum sprechen. Wir kamen sehr schleppend ins Gespräch – und dann erzählte sie die Geschichte ihrer Liebe. Es war eine Geschichte von Schmerz, Schuld, Wut, Verbitterung und Mitleid – und unendlicher Traurigkeit. Die Gefühle, die sich auf einmal in diesem einen Menschen anstauten, hätten für ein ganzes Menschenleben gereicht.

An die ersten Jahre ihrer Beziehung erinnerte sich die Frau gerne, auch wenn ihr das in diesem Moment schwerfiel. Die beiden hatten eine gute Zeit. Die Frau bemerkte zunächst gar nicht, wie sich ihr Mann zu verändern begann und die Beziehung ganz allmählich aus dem Gleichgewicht geriet. Doch irgendwann wurde es unübersehbar. Mit Sorge, dann mit Schrecken beobachtete die Frau eine immer auffälligere Wesensveränderung bei ihrem Mann. Häusliche und wirtschaftliche Probleme gingen Hand in Hand. Das zunächst florierende Unternehmen des Mannes war durch Auftragsmangel in die Insolvenz geraten. Zwischen den beiden kam es zunehmend zu Konflikten, bei denen der Mann immer wieder gewalttätig wurde. Schließlich stellte sich heraus, dass der Mann eine schwere Depression entwickelt hatte.

Immer häufiger wurde auch das Kind Zeuge der heftigen Streitigkeiten. Die Frau bekam Angst vor den Affekten ihres Mannes. In ihr reifte der Entschluss, diesen Zustand nicht länger hinzunehmen. Sie wusste, dass das letztlich die Trennung bedeutete. Dennoch versuchten die Eltern lange, an der Beziehung zu arbeiten. Der Mann ging in Therapie, zusätzlich unterzogen sich die Eltern einer Paartherapie. Immer wieder versuchten sie, sich auszusprechen und eine Lösung zu finden. Allein schon wegen des Kindes, das beide sehr lieb hatten, versöhnten sie sich unzählige Male. Wenn der Mann wieder gewalttätig geworden war, flehte er die Frau auf Knien an, ihn nicht zu verlassen. Er würde alles tun, was sie verlangte, wenn sie sich nur nicht von ihm trennte.

Die Entscheidung zur Trennung war ein langer und schmerzvoller Prozess, der sich über mehrere Jahre hinzog. Bei einem der Gespräche, in denen die Frau ihrem Mann sagte, dass sie nicht mehr könne und in der Trennung die einzige Möglichkeit sehe, kam zum ersten Mal die Drohung: »Wenn du mich verlässt, dann bringe ich mich um!« Die Drohung zeigte Wirkung. Zum einen verstärkte sie die Angst vor dem immer unberechenbarer werdenden Mann. Zum anderen bekam die Frau Angst um sein Leben – und schlimmer noch, sie fürchtete, möglicherweise verantwortlich zu werden für den Tod ihres Mannes.

Die Drohung hatte sie in eine Abhängigkeit gebracht. Die Frau lenkte immer wieder ein. In der ersten Zeit danach schien der Konflikt sogar überwunden – um dann umso härter wieder auszubrechen. So brauchte die Frau einige Anläufe, bis sie den Mut fand, die Trennung von ihrem Mann konsequent zu betreiben. Die Frau war nur noch ein Nervenbündel und stand kurz vor dem Zusammenbruch. Die ganze Familie verfing sich in dem Geflecht aus Vorwürfen, Mitleid, Drohungen und Ängsten, und alle litten darunter.

Die Frau schlug ihrem Mann zunächst eine räumliche Trennung vor, um von den Ereignissen Abstand zu gewinnen und dem Mann die Gelegenheit zu geben, eine abgebrochene Therapie neu aufzunehmen. Die Gespräche endeten immer wieder mit panischen Reaktionen des Mannes und der Drohung, er werde sich umbringen, wenn sie auch nur versuchte, ihn zu verlassen.

Von diesem Zeitpunkt an war Angst der einzige Grund, warum die Frau noch in dieser unhaltbaren Situation ausharrte. Sie wollte nicht schuldig sein am Tod ihres Mannes. Sie sah seine Notlage – wusste aber auch nicht mehr, wie sie ihm noch helfen konnte. Diese Endphase dauerte über zwei Jahre. Die Frau entfernte sich emotional immer weiter von ihrem Mann, zugleich fühlte sie sich von ihm erpresst, weil er sie angesichts der drohenden Trennung immer massiver mit seinem Suizid bedrohte. Innerlich war die Frau jedoch längst nicht mehr erreichbar. Hinzu trat eine große Eifersucht des Manns, die jedoch völlig unbegründet war. Die Frau war durch diesen Konflikt derart blockiert, dass ihr alles andere in den Sinn gekommen wäre als ihren Mann zu betrü-

gen: »Da war nie etwas, alle seine quälenden Vorwürfe und Verdächtigungen waren stets gegenstandslos.«

Nur in einem hatte sich der Mann nicht getäuscht: Seine Frau hatte endgültig den Entschluss gefasst, dieser nicht mehr auszuhaltenden Partnerschaft zu entfliehen, denn auch das Kind litt immer stärker unter den Auseinandersetzungen. Inzwischen hatten auch die Freunde der Familie mitbekommen, wie belastend die Beziehung für beide geworden war, und rieten der Frau zur Trennung. Sie gaben der Mutter den Rat: »Du musst jetzt endlich auch mal auf dich und den Kleinen achten. Trenn dich von ihm.« Zu den Suiziddrohungen des Mannes meinte ein Teil der Freunde: »Der wird es schon nicht machen.« Der andere Teil sagte: »Wenn er es wirklich macht, dann bist du nicht daran schuld.« Die Frau suchte nun nur noch nach einer guten Gelegenheit für den Absprung, um ihren Mann möglichst wenig zu verletzen. Denn dass die Suizid-Ankündigung nur eine leere Drohung sein sollte, konnte sie schwer glauben.

Schließlich kam der Tag, an dem die Frau ihrem Mann sagte, sie werde nun ausziehen. Definitiv. Für die Frau war es eine Erlösung. Für den Mann muss es die Hölle gewesen sein.

Als sie zwei Tage später mit Freunden und ihrem Sohn im Biergarten saß, erhielt sie eine SMS von ihrem Mann mit einem Foto: Es war sein Kopf zu sehen mit einer Schlinge um den Hals. Die Frau rief sofort die Nachbarn und die Polizei an, sie sollten bei ihnen zu Hause klingeln, notfalls die Tür aufbrechen – es bestehe Lebensgefahr. Als sie nach Hause kam, standen Polizei und Feuerwehr davor. Als die Nachbarn gekommen waren, hatte sich der Mann bereits aufgehängt. Die Helfer schnitten ihn sofort ab. Er war noch am Leben, bald kämpften die Intensivmediziner um sein Leben.

Die Ärzte konnten nicht sagen, ob der Mann überleben würde. Alles schien möglich: dass er sterben würde, dass er schnell genesen würde, dass er Tage, Wochen oder Monate im Krankenhaus liegen würde, dass sein Gehirn durch den Sauerstoffmangel in Folge der Strangulierung Schaden genommen hatte und er zum Pflegefall wurde. Die Frau war voller Selbstzweifel und Vorwürfe gegen sich selbst, vollkommen al

lein mit ihren Schuldgefühlen. Sie wusste nicht, was sie ihrem Mann,
sich selbst und ihrem Kind wünschen sollte: dass er stirbt oder dass
er überlebt.
Tagelang drehte sich die Frau im Karussell der Gefühle. Besonders be-
schäftigte sie, was und wie sie es ihrem Sohn sagen sollte. Nach drei
Tagen rief das Krankenhaus an: Ihr Mann war gestorben.
Nun saß sie bei uns und war verzweifelt und tieftraurig. Immer wieder
sagte sie, es sei ihre Schuld. Das habe sie doch nicht gewollt. Was war
in den letzten Minuten ihres Mannes geschehen? Was hatte er gedacht,
wie verzweifelt, wie wütend war er? Hätte sie ihn nicht alleine lassen
dürfen? Hätte sie nicht schon allein wegen ihres Sohnes ihn nicht ver-
lassen dürfen? War sie keine gute Ehefrau gewesen?

Erwachsene Menschen treffen eigenverantwortliche Entscheidungen

Fragt man Menschen, welches Ereignis im Leben sie am meisten fürchten,
nennen sie an erster Stelle fast immer den Tod eines geliebten Menschen.
Schon an zweiter Stelle kommt die Trennung vom Partner. Trifft beides zu-

sammen, potenziert sich das Leid. Und das passiert gar nicht so selten in Deutschland.

Paare finden sich und Paare trennen sich. Das Scheidungsrisiko in unserer Gesellschaft liegt heute bei 50 Prozent. Das ist die Normalität. Solche Ablösungen zweier Menschen voneinander sind immer schmerzhaft. Viele der Konflikte, die zu einer Trennung führen, bauen sich über lange Zeit auf. Für den einen steuert der Prozess zwangsläufig auf eine Trennung hin – für den anderen kommt sie aus heiterem Himmel. Der eine Partner will gehen – der andere will halten.

Die Trennung wird am Ende tatsächlich empfunden wie die Nachricht vom Tod eines Menschen – sie zieht den Boden unter den Füßen weg. Und ebenso wie bei einem Todesfall werden die Phasen der Trauer jeweils mehr oder minder intensiv durchlebt. Auch da passiert es nicht selten, dass eine innere Bindung durch negative Gefühle bestehen bleibt. Durch Schuldzuweisungen, Unterhaltszahlungen, Rechtsstreitigkeiten und Eifersucht bleiben viele noch jahrelang emotional verbunden. In einigen Fällen entsteht aus Trennungsschmerz, enttäuschter Liebe, Verlustangst, Eifersucht und Rachegefühlen ein unheilvolles Gemisch, das sich in Hass, Zerstörung und Selbstzerstörung entladen kann. Wird die Trennung vom verlassenen Partner als tiefe Kränkung erlebt, kann das Ganze in einem lebensbedrohlichen Beziehungsdrama enden. Eine Form davon ist ein Suizid, der oftmals den Charakter einer Bestrafung in sich trägt. Mit dem Suizid will der Verlassene Schuldgefühle beim Partner auslösen: »Du bist schuld daran, dass ich mir das Leben nehme! Weil du mich verlassen hast. Du hättest es verhindern können!« Einem solchen Suizid gehen häufig die entsprechenden Drohungen voraus: »Wenn du mich verlässt, sollst du ohne mich auch nicht glücklich sein. Wenn du jetzt gehst, bringe ich mich um!«

Wenn auf die erpresserischen Drohungen tatsächlich der »Bestrafungssuizid« folgt, scheint ein einfaches Ursache-Wirkung-Prinzip logisch: Wäre der Partner nicht gegangen, wäre der Verstorbene noch am Leben. Es braucht einige Zeit, um zu erkennen, dass der Kausalverlauf nicht so zwingend ist, wie er sich unter Schock darstellt. Jeder Mensch geht mit Kränkungen, Verletzungen und Problemen anders um. Die Verantwortung dafür, wie er das tut, trägt er ganz alleine. Die meisten Hinterbliebenen brauchen lange, bis sie sich das eingestehen und die Erkenntnis zulassen können.

Auch Wut ist gerade nach einem »Bestrafungssuizid« ein völlig normales Gefühl. Mit seinen Drohungen hat der Verstorbene den Hinterbliebenen erpresst und gequält, mit seinem Suizid versucht, ihm Verantwortung für den eigenen Tod, die eigene Entscheidung zuzuschieben. Der wirkliche Abschied, wie wir ihn bei unseren Bestattungen anbieten, gibt eine gute Gelegenheit, dem Verstorbenen seine Wut ins Gesicht zu sagen – und sich so von ihr zu befreien. Wer sich nicht am offenen Sarg vom Toten verabschiedet, sollte einen anderen Ort finden, an dem er mit dem Verstorbenen in einen inneren Dialog treten und ihm seine Wut sagen kann. Wer der Wut auf den Verstorbenen den Raum gibt, die sie braucht, kann sie verarbeiten und nach und nach unwichtiger werden lassen.

Mit der Zeit kann der Hinterbliebene sich von der scheinbaren inneren Verbindung zu dem Suizid lösen. Er kann erkennen, dass der Verstorbene es ohnehin getan hätte, dass sein Suizid nicht von etwas Äußerem abhängt – sondern allein von der Entscheidung, allein aus dem Inneren des Suizidenten kommt. Nur wer diesen Mechanismus erkennt, kann sich aus den Selbstvorwürfen und der Wut lösen und aus dieser Distanz heraus auch Trauer und Mitgefühl für den Verstorbenen entwickeln, der einen über seinen Tod hinaus anzuklagen scheint.

Erfahrungen einer Trauerbegleiterin

Renata Bauer-Mehren, Jahrgang 1945:

Seit 1994 begleite ich Menschen, die nach dem Suizid eines nahestehenden Menschen trauern und es nicht begreifen können, dass der Tod aus eigener Hand oder eigenem Wollen vollzogen wurde. Die Frage nach dem Warum steht immer im Vordergrund.

Ich selbst habe den Tod meines Mannes, der plötzlich im Urlaub ertrank, obwohl er sehr gut schwimmen konnte, lange nicht verwinden können. Ich hatte mich um sechs Töchter zu kümmern, die Jüngste war noch nicht ganz sechs Jahre alt. Zu meiner eigenen Trauer bin ich deshalb lange nicht gekommen. Allerdings bekam ich von einer Freundin das Buch »Ich begleite dich durch deine Trauer« von Jorgos Canacakis geschenkt. Beim Lesen wusste ich sofort, dass ich ein Seminar bei ihm machen wollte. Es gab auch tatsächlich gleich eines in meiner Nähe, so dass ich nur eine Wochenendbetreuung für die Kinder organisieren musste. In dem Seminar wurde mir sehr klar, dass ich mehr Begleitung brauchte, um mich selbst zu stabilisieren, den Schock zu überwinden, um für die bevorstehenden Aufgaben besser gerüstet zu sein.

So begann ich im Jahr darauf die Ausbildung zur Trauerbegleiterin in der Akademie für Menschliche Begleitung. Die Ausbildung hat mir das beigebracht, was ich heute den Menschen auch vermitteln kann: Ich muss durch die Trauer hindurchgehen, den Schmerz spüren, anerkennen, was ist und mich neu definieren. Viele Menschen trauern auf eine Weise, die ihr Leben behindert: Sie haben keine Lebensfreude mehr, keine Energie und finden im Tod des anderen keinen Sinn. Ihr eigenes Leben ist sinnlos geworden. Wie geht es ohne ihn/ohne sie weiter? Es ist wichtig, die lebenshindernde Trauer in eine lebensfördernde umzuwandeln. Trauer selbst wird immer mehr sein als eine Reaktion auf etwas, das nicht mehr ist. Da geht es nicht nur um den Verlust eines geliebten Menschen, da geht es auch um den Verlust von Gesundheit, Jugend, Beruf, Heimat: Alles das, was ich verabschieden muss, was ich loslassen muss, weil es nicht mehr so ist, wie ich es gerne hätte, erzeugt Trauer. Trauer ist also eine ständige Begleiterin, der Gegenpol der Freude, und beide gehören zusammen wie die zwei Seiten einer Medaille.

So habe ich kontinuierlich gelernt, mit meiner Trauer zu leben, sie als einen wertvollen Teil meines Erlebens zu erkennen und zuzulassen. Dass ich meine Erfahrungen und mein Wissen, wie ich mit diesem tiefen und beschwerenden Gefühl umzugehen vermag, weitergeben kann, macht mich froh. Trauern heißt auch, liebevoll mit sich selbst umzugehen, zärtlich zu sich selbst zu sein.

Schuldgefühle sind die stärksten Trossen, die einen Trauernden an den Verstorbenen binden. Damit hat er keine eigene Bewegungsfreiheit mehr, und viel Energie fließt ins Nichts. Schuldgefühle sind auch ohne reale Schuld wie Fehler, Versagen oder Ähnliches vorhanden. Sie müssen immer ernst genommen werden!

Das Unverständnis, dass der andere ohne mein »Einverständnis« gegangen ist und dass mein Bedürfnis nach Beziehung nun nicht mehr befriedigt wird, lässt mich glauben, dass ich irgendetwas hätte anders machen müssen, damit das nicht passiert wäre. Dieser Gedanke ist bei Suizid-Hinterbliebenen stark ausgeprägt: Mein Da-Sein hätte es verhindern können, ich hätte ja nur … Doch der Mensch kommt hier in seine kindlichen Allmachtsfantasien: »Wenn ich gut bin, stirbt Mama nicht …«

Selbst bei gelungenen Abschieden bleiben Erinnerungen offen, die auf Versäumnisse im Zusammenleben, sogenannte Fehler zeigen. Mit diesen nicht gelebten Anteilen setzt sich der Hinterbliebene auseinander und macht sich Vorwürfe. Selbstvorwürfe gehören zu den fünf Lösungsblockaden und lassen keine weitere Entwicklung und Abrundung im Trauerprozess zu. Allerdings muss bewusst gemacht werden, dass der Hinterbliebene hier eine Entscheidung zu treffen hat, ob er diese Schuldgefühle aufgeben will oder nicht. Nicht aufgeben heißt dann: Ich will unbedingt noch nachträglich meine Wirkfähigkeit festigen, denn ich hätte es anders machen können, ja müssen. Der Trauernde leistet Widerstand gegen das Gefühl der Ohnmacht.

Jeder Mensch steht ständig in der Verantwortung, sich zu entscheiden. Entscheidet er sich für das Eine, so vernachlässigt er das Andere. Hinterher könnte immer das andere die bessere Entscheidung gewesen sein. Das lässt sich nie beweisen, bleibt aber immer eine Option, besonders, wenn sich das Eine nun als ungenügend herausstellt. Der Mensch steht also immer in dem Spannungsfeld, sein Tun zu entscheiden, zu überprüfen und zu verantworten. Geht etwas »schief«, das heißt: endet es nicht befriedigend, kann er sich selbst kasteiend bejammern oder aber die Verantwortung übernehmen. Als Kinder haben wir meist gelernt, dass »Fehler« bestraft werden und unangenehm auf das Selbst wirken. Folglich haben wir damals bereits Verleugnungen des eigenen Handelns vorgenommen, im Sinne von: »Das hab ich gar nicht getan!« Verantwortung übernehmen für alle Handlungen, auch für die, die nicht gut ausgehen, gehört zum Erwachsensein. Die weiter unten gezeigte Lösungsblockade vier, das innere »Schrumpfen« zeigt, dass es noch mehr Bewusstheit braucht, um auch »Fehler« eingestehen zu können. Das Wort »stehen« als aufrechte Haltung gehört zu den Be-

*griffen »eingestehen« und »dazu stehen« – in voller Größe und nicht
»geschrumpft«.*

*Das Christentum hat uns gelehrt, dass wir Schuldige sind. »Durch
meine Schuld, durch meine große Schuld« nimmt der gläubige Christ
den Tod Jesu auf sich – auch das wirkt in uns: Wir haben immer auch
Fehler gemacht in unserem Leben. Wären wir fehlerfrei, wären wir
Götter. Versäumnisse gehören also zum Menschsein dazu. Die Frage
ist nur, wie wir damit umgehen. Gibt es etwas Versöhnliches dabei?
Darf ich es mir zugestehen, etwas zu versäumen?*

*Hinter jedem Versäumnis steht eine bewusste oder unbewusste Ent-
scheidung. Entscheidungsfreiheit heißt auch: Ich stehe zu meinen Entscheidungen, auch wenn sich herausstellt, dass der andere Weg besser
gewesen wäre. Anerkennen, was ist: Ich habe es so entschieden. Ich
sollte mich nicht einmal rechtfertigen, sondern nur wissen, dass ich
einen Grund hatte, mich so zu entscheiden.*

Lösungsblockaden (nach Michael Bohne)

1. Selbstvorwürfe (Beziehung zu sich selbst)

2. Vorwürfe anderen (Beziehung: ich und die anderen –
   gegenüber   Opferrolle)

3. Erwartungshaltung (dysfunktionale Beziehung:
   an andere   ich und die anderen
      Ziel: Gesehen werden)

4. Alltagsregression (Ich-Identität unklar)
   »Schrumpfen«

5. Dysfunktionale (Beziehung zur Herkunftsfamilie)
   Loyalität

____Übung: Schuldschuh (Renata Bauer-Mehren)

Diese Übung sollte immer im Zusammenhang mit dem Schuldthema stehen. Die Unterscheidung von Schuld und Schuldgefühl ist dabei sehr wichtig. Wenn möglich, machen Sie die Übung mit jemand Vertrauten.

Material:	2 DIN A4-Blätter und Stifte
Zeit:	Einzelarbeit 30 Minuten

1. Malen Sie Ihren rechten und Ihren linken Fuß im Umriss auf je ein Blatt.

2. Probieren Sie Ihr »Zustimmungsbein« aus, indem Sie entweder mit dem rechten oder mit dem linken Fuß aufstampfen, als wollten Sie etwas bekräftigen. Bei Rechtshändern ist es meist der rechte Fuß. Sagen Sie laut und bestimmt dazu: »Und ich steh' dazu!«

3. Diesen Satz schreiben Sie in den entsprechenden Fußumriss.

4. Das zweite Blatt ist der »Schuldschuh«. Dort hinein kommt die Überschrift: »Ich habe versäumt ...« Dann schreiben Sie alles auf, was Sie glauben, versäumt zu haben. Das können Sätze sein wie: »Ich habe versäumt, mich mehr um dich zu kümmern« oder »Ich habe versäumt, dich noch einmal anzurufen« oder »Ich habe versäumt, dir zu sagen, wie sehr ich dich liebe.«

5. Lesen Sie diese Sätze laut vor: »Ich habe versäumt, dich noch einmal anzurufen.«

6. Ihr Vertrauter fragt oder Sie gehen in einen inneren Dialog: »Was hast du stattdessen getan?« Sie antworten zum Beispiel: »Ich war so müde und wollte mich bloß irgendwie ablenken. Ich wusste eigentlich, dass das Telefonat nötig gewesen wäre, denn es ging ihm schlecht. Aber ich wollte nicht wieder dieselben Probleme mit ihm wälzen. Er kam aus dem Loch nicht raus.«

7. Ihr Vertrauter fragt nach dem persönlichen Hintergrund. Dabei könnte folgender Dialog entstehen:
»Also hast du dich für dich entschieden, weil du müde warst und es zu

schwer fandest, ein hilfreiches Gespräch zu führen. Stimmt das?« Sie erläutern: »Ja, ich hatte auch kein gutes Gefühl dabei, aber irgendwie war es mir nicht möglich.«

Vertrauter: »Ja, etwas in dir hat dir signalisiert, dass es heute nicht geht. Und wer denkt schon daran, dass der Andere morgen nicht mehr da ist? Du hast dich für dich und dafür entschieden, dich zu schonen. Sag zu deinem Freund, der verstorben ist: Es tut mir leid, dass ich dich nicht angerufen habe, aber ich hatte mir vorgenommen, dich anzurufen, wenn ich mehr Kraft habe. An dem Tag habe ich mich für mich entschieden – und ich steh' dazu!«

8. Das sollen Sie nachsprechen, dazu aufstehen und kräftig mit dem Fuß aufstampfen und nochmals sagen: »Und ich steh' dazu!« Meist muss das wiederholt werden, weil Sie beim ersten Mal eher zaghaft sprechen und nicht überzeugend wirken. Sie müssen es tatsächlich so oft wiederholen, bis auch Ihr Vertrauter zustimmt.

9. Die Aufgabe ist, versöhnlich zu sich selbst zu sein. Ich habe auch ein Recht: Was kann ich tun, damit ich mich mit mir selbst versöhne, dass ich nicht angerufen habe? Erkenne ich, dass ich gar nicht hilfreich hätte sein können? Dass ich für mich sorgen musste, um wieder kraftvoller mit meinem Freund im Kontakt zu sein? Es ist nicht allein meine Verantwortung, dass er gegangen ist – er hat es so für sich entschieden. Auch er muss dazu stehen, dass es so war. Wenn ich die Verantwortung/Schuld auf mich nehme, mache ich ihn klein, so als hätte er wie ein Kind gehandelt. Damit entwürdige ich ihn und mich gleichzeitig. Er hat das Seine zu verantworten und ich das Meine – Entscheidungen gehören zum Leben und sie brauchen eine kraftvolle Bestätigung, auch wenn sie sich im Nachhinein als »Fehler« oder als Versäumnis herausstellen.

»Liebe deinen Nächsten wie dich selbst«, heißt es. Jorgos Canacakis sagt: Ich bin die Nummer Eins in meinem Leben – nur wenn es mir gut geht und ich für mich gesorgt habe, kann ich den Anderen geben. Andernfalls verausgabe ich mich. »Die hilflosen Helfer« hat Wolfgang Schmidbauer solche Menschen genannt.

Selbst wenn ich bewusst etwas gewählt habe, was den Anderen verletzt hat, hatte ich einen Grund, es so zu tun: Möglicherweise war das eine Retourkutsche auf etwas Vorhergegangenes, was der Andere mit mir gemacht hatte. Hier wird klar, wie wichtig die Selbstreflexion ist. Der Mensch handelt stets in Beziehungsbezügen, alles Handeln geschieht in Wechselwirkung. Das bewusst zu machen und auszudrücken ist Anliegen dieser Übung!

Auf einen Blick

- Die Entscheidung des Verstorbenen löst oft Gefühle wie Wut oder Enttäuschung aus. Am häufigsten und stärksten sind jedoch Schuldgefühle.

- In der ersten Zeit nach einem Suizid sind Schuldgefühle vollkommen normal. Menschen, die einem Trauernden helfen wollen, sollten das hinnehmen. Sie sollten die (Selbst-) Vorwürfe des Trauernden aushalten, ohne sie zu bekräftigen oder zu widersprechen – sie sollten zuhören, ohne zu werten

- Schuldgefühle sind für viele Hinterbliebene auch eine wichtige Verbindung zum Verstorbenen. Sie lindern das Gefühl der Ohnmacht. Auf lange Sicht erschweren sie jedoch die Verarbeitung.

- In manchen Fällen, oft bei Trennungen von Paaren, hat der Verstorbene dem Hinterbliebenen den Suizid konkret im Falle eines bestimmten Verhaltens angedroht. Bei einem solchen »Bestrafungssuizid« ist die Gefahr ausgeprägter Schuldgefühle besonders groß.

- Der Kausalverlauf ist auch beim »Bestrafungssuizid« nicht so zwingend, wie er auf den ersten Blick wirkt. Jeder Mensch geht mit Kränkungen und Problemen anders um. Die Entscheidung für oder gegen einen Suizid trifft jeder Mensch eigenverantwortlich.

Das Recht, sich nicht schuldig zu fühlen

»Dann bring dich doch tatsächlich um!«

Als mein Vater sich im Sommer 1994 erhängte, war ich achtzehn Jahre alt. Ich bin Einzelkind, und meine Eltern trennten sich, als ich acht war. Seit ich denken kann, war mein Vater anders, schwierig, krank. Wenn ich am ersten Urlaubstag begeistert mit ihm zum Strand stürmen und schwimmen gehen wollte, schickte er mich weg und legte sich mit »Kopfschmerzen« ins dunkle Hotelzimmer. Mehrmals war er wochen- und monatelang im Krankenhaus. An den Wochenenden, die ich nach der Trennung bei ihm verbrachte, beschäftigte ich mich oft stundenlang alleine, weil er sich ins Schlafzimmer zurückgezogen hatte.

Ich muss elf oder zwölf Jahre alt gewesen sein, als ich begriff, dass ich schon zwei Selbstmordversuche meines Vaters erlebt hatte. Ich habe diffuse Erinnerungen daran, wie ich mit meiner Mutter nach Hause kam und mein Vater schräg auf dem Bett lag, als wäre er gerade darauf gefallen. Beim zweiten Mal durfte ich – wie aufregend! – im Rettungswagen mit ins Krankenhaus fahren. Beide Male hatte mein Vater Tabletten genommen. Beim ersten Mal war es knapp. Wären meine Mutter und ich nur wenig später nach Hause gekommen, wäre er gestorben. Beim zweiten Mal hätte die Dosis nicht ausgereicht, er wollte meiner Mutter »nur« ein schlechtes Gewissen machen, weil sie beabsichtigte, sich von ihm zu trennen.

Das Thema faszinierte mich. Auf meine ersten Fragen reagierte mein Vater noch abweisend. Später wurde Selbstmord zum allgegenwärtigen Thema. Leider blieb es das auch noch, als es für mich seine Faszination als abstraktes Tabuthema verloren hatte und zu einer konkreten Bedrohung geworden war. Er streifte es beiläufig (»Noch einmal xy machen, dann kann man sich getrost umbringen«), drohte konkret (»Wenn xy passiert, dann erschieße ich mich«) oder subtil (»Früher haben mir die Leute zu

*meinen Selbstmordgedanken immer gesagt: Denk an deine Tochter. Du
musst für sie da sein. Aber jetzt? Du brauchst mich ja nicht mehr.«).
Wenn ich ihm sagte, dass es für mich schwer sei, mit solchen Äußerungen
zu leben, wurde er mal böse, mal besserte es sich für kurze Zeit.*

*Seine schwere Depression ließ mein Vater in den letzten Jahren nicht mehr
ernsthaft behandeln. Er besuchte regelmäßig einen niedergelassenen Neu-
rologen, um sich Medikamente abzuholen und nahm zahlreiche Schmerzmittel. Ansonsten hatte er mit der Welt der »Psycho-Fuzzis« abgeschlossen
und nur noch abgrundtiefe Verachtung für sie.*

*Mein Vater lebte sehr einsam und ich war seine wichtigste Bezugsperson.
Ich wiederum wünschte mir nichts sehnlicher, als ihn einmal lachen zu
sehen oder gelöst zu erleben. Zugleich wollte ich unbedingt mit meinen
intellektuellen Leistungen vor seinem messerscharfen Verstand bestehen.
Als ich auf dem Weg zum Erwachsenwerden seine finstere Welt immer
mehr in Frage stellte, wurde unser Verhältnis schwieriger. Es gab Zeiten, in
denen ich nach jedem unserer täglichen Telefonate noch einmal dieselbe
Zeit weinend auf dem Bett oder in den Armen meiner Mutter verbrachte.
Ich wünschte so sehr, dass es ihm besser ging. Ich hätte mein Leben dafür
gegeben. Ich wollte ihm helfen. Aber dazu musste er meiner Meinung nach
selbst etwas tun. Wenn ich ihm das sagte, fühlte er sich angegriffen und
machte mir Vorwürfe.*

*Am letzten Abend mit meinem Vater kam es zu einem fürchterlichen, ent-
setzlichen Streit. In der Nacht lag ich aufgewühlt zu Hause in meinem Bett
und nahm mir ein Buch, das als Tagebuch gedacht war, in das ich aber
nur äußerst selten etwas hineinschrieb. Nun beschrieb ich den Verlauf des
Abends mit Vorwürfen und Gegenvorwürfen und meine Verzweiflung darüber. Am Ende des Eintrags schrieb ich: »Manchmal hat man Gedanken, vor
denen man in anderen Momenten wohl erschrecken würde: Wenn wirklich
gar nichts mehr geht, dann bring dich doch tatsächlich um – dann hättest
du wenigstens dazu Courage bewiesen. (...) Ich würde am liebsten vor ihm
selbst fliehen, ganz weit weg – aber man kann sich ja von seinen Eltern
leider nicht scheiden lassen. Ich kann nicht mehr. Hilfe. Tod.«
Ich habe mich geschämt, als ich diese Worte aufschrieb, und es machte mir
Angst, dass ich sie nicht nur dachte, sondern tatsächlich zu Papier brachte.*

Es war das erste Mal, dass ich so etwas aufschrieb, und ich hätte nie, niemals gewagt, meinem Vater diesen Satz ins Gesicht zu sagen.

Ungefähr zu dem Zeitpunkt, als ich es notierte, muss mein Vater sich zu den letzten Schritten entschlossen haben. Am nächsten Abend fanden wir ihn erhängt in meinem ehemaligen Kinderzimmer. (Nur dieses Zimmer hatte Balken, an denen er sich erhängen konnte.)

Ich bin beim besten Willen kein esoterisch veranlagter Mensch, im Gegenteil. Doch ich hatte immer das Gefühl, dass sich in diesem Moment irgendwo außerhalb von uns selbst unsere beiden Willen getroffen haben und eins waren. Bei allem Schrecken, allem Entsetzen, aller Verzweiflung habe ich bei dem Gedanken an diesen Moment ein friedvolles Gefühl. Es war, als ob wir einander schon im Moment der schrecklichen Tat vergaben: mein Vater mir für meinen entsetzlichen Gedanken und ich ihm für seine fürchterliche Entscheidung.

Ich hatte mit dem Tod meines Vaters alle Schwierigkeiten der Welt. Nur eine nicht: Ich habe mich nie schuldig gefühlt. Ich weiß, dass ich es als Kind da einfacher habe als Partner oder gar Eltern. Dazu kommt, dass ich damit aufgewachsen bin, Selbstmord als eine natürliche Handlungsmöglichkeit zu betrachten. Das mag für viele Menschen gewöhnungsbedürftig sein. Mir aber will, auch mit all dem Abstand, den ich heute zu der Geisteswelt meines Vaters habe, die Vorstellung nicht in den Kopf, dass ein Mensch – ausgenommen Eltern minderjähriger Kinder – die Verpflichtung haben soll, wegen eines anderen Menschen weiterzuleben.

Insofern habe ich es auch nie als Zufall – aber auch nie als Vorwurf – empfunden, dass mein Vater sich getötet hat, als ich volljährig war. Er hat mich gehen lassen. Mein Vater hätte mich beinahe mitgenommen in seine Welt des Wahns. Hätte ich ihn noch länger so intensiv in seiner Depression begleitet, wäre ich selbst psychisch schwerkrank geworden. Nach seinem Tod war es endlich einfach, ihn zu lieben. Ich konnte ihn endlich warm und innig liebhaben, ohne verletzt zu werden.

Die Frage: »Wie konntest du mir das antun?« kam mir nie in den Sinn. Eher war es die Frage: »Wie konntest du dir das antun?« Aber ich weiß es ja. Ich habe meinen Vater leiden und leiden und leiden sehen. Einige Zeit vor seinem Tod habe ich das zum Erhängen vorbereitete Seil gefunden. Ich war allein im Raum. Ich stand auf der Leiter und steckte den Kopf durch die Schlinge. Rein abstrakt scheint es mir keine abwegige Vorstellung, sich zu töten. Aber ganz konkret den letzten Schritt zu gehen, das ist etwas ganz anderes. Ich habe nur eine ungefähre Ahnung davon, wie groß das Leid eines Menschen sein muss, der sich die Gewalt antut, die ihn vom Leben in den Tod befördert.

Ich vermisse meinen Vater unendlich. Aber ich habe mir nie gewünscht, diesen Selbstmord ungeschehen machen zu können. Oft wünsche ich mir, meinem Vater heute zu begegnen. Ich würde ihm gerne mein Leben zeigen. Ihm meinen Mann vorstellen. Ihm seine Enkelkinder auf den Schoß setzen. Es ist ein unermesslicher Schmerz, dass meine Kinder ihren Opa Michael nie kennenlernen können.

Viele Jahre später hat meine Mutter einen wunderbaren Mann getroffen. Es war eine späte große Liebe: Zwei Menschen, die einander glücklich machten, hatten sich gefunden. Dann kam der Krebs, und den beiden waren nicht einmal fünf gemeinsame Jahre vergönnt. Ich finde diesen Tod viel schwerer hinzunehmen als den Tod meines Vaters. Dieser Mann wollte nicht sterben. Er wollte noch viele Jahre mit meiner Mutter glücklich sein. Von meinem Vater weiß ich, dass er sterben wollte. Das ist bei aller Verzweiflung auch ein Trost.

Das Recht, sich nicht schuldig zu fühlen

Die Geschichte vom Suizid des Vaters nach langer Depression erzählte uns eine Frau, die wir über ein gemeinsames Projekt kennengelernt hatten. Fälle, in denen nahestehende Hinterbliebene nach einem Suizid keine Schuldgefühle haben, sind unserer Erfahrung nach die große Ausnahme. Und doch gibt es sie. Die Frau hatte, wie sie selbst sagt, als Kind eines Suizidenten dafür bessere Voraussetzungen als beispielsweise Lebenspartner. Geradezu undenkbar ist die Abwesenheit von Schuldgefühlen bei Eltern, deren Kind sich das Leben nimmt. Gar nicht selten ist jedoch der Fall, dass ein Suizid eine lange und leidvolle Vorgeschichte hat, die auch das Umfeld des Verstorbenen schwer belastet hat. Dies können schwere, unheilbare körperliche Krankheiten sein. Am häufigsten spielt jedoch eine psychische Erkrankung in Form einer Depression die entscheidende Rolle. Bei einer Depression gerät das ganze Leben in eine gefährliche Schräglage, auch die Angehörigen leiden mit. Suizidgedanken sind Teil des Krankheitsbildes.

Depressionen haben die unterschiedlichsten Auslöser. Sie können durch körperliche Krankheiten hervorgerufen werden, durch Trauer, Überforderung, Misshandlung, finanzielle Probleme, Stress im Beruf, Existenzängste, Beziehungsprobleme. Manchmal, wie im Fall des Vaters in der Geschichte, gibt es auch keine offensichtliche äußere Ursache. Bei der (so der geläufige Name) endogenen Depression verschmilzt die Krankheit geradezu mit der Persönlichkeit. Das miterlebte schwere Leid kann den Tod auch bei einem Suizid wie eine Erlösung erscheinen lassen. Bei einer unheilbaren körperlichen Krankheit treffen manche Menschen die Entscheidung auch im Einvernehmen mit dem Partner. Oder sie geben dem Partner zumindest ausreichend Zeit, um diesen Weg schon vor dem Tod zu akzeptieren. So erzählte es uns in einem Fall eine Frau: »Mein Mann hatte eine Krankheit, an der er zerbrach. Diese Krankheit hinderte ihn am Leben und nahm ihm jede Freude. Er wusste, dass er nie mehr gesund werden würde. Er hat sich dann letztlich für diesen Weg entschieden, und ich fühle mich nicht schuldig. Nur unendlich traurig.«

Das Wissen über die Krankheit des geliebten Menschen lässt manchmal keine Schuldgefühle aufkommen und hilft zu verstehen. Die äußeren Faktoren ermöglichen es, den gewählten Weg leichter zu akzeptieren. Sich bewusst zu machen, aus welchen Gründen der Suizid begangen wurde, kann

Selbstbeschuldigungen verhindern oder zumindest verringern. Der Schmerz und die Trauer um den Verstorbenen werden deswegen nicht weniger. Nur begleiten den Hinterbliebenen im Trauerprozess andere Emotionen und Fragen als Schuldgefühle.

Schauen Sie, welche Gefühle bei Ihnen da sind. Lassen Sie sich nichts vom Umfeld einreden, wie etwa: »Da musst du aber Schuldgefühle haben, wenn er im Abschiedsbrief schreibt, dass er sich deinetwegen das Leben genommen hat!« Stellen Sie sich der Geschichte und den Hintergründen unvoreingenommen. Weil Sie um die Geschichte und die Hintergründe wissen, kann Ihnen das helfen, keine Schuld zu empfinden.

Manchmal erleben Hinterbliebene in der Schockphase auch eine übergroße Schuld, die schnell wieder abklingt. Solche Schuldgefühle können sich recht bald nach dem Tod wieder auflösen, wenn der Trauernde zu überlegen und zu reflektieren beginnt. Sie sind eher ein Instrument, um Erklärungen zu finden und haben nichts mit realen Schuldzuweisungen zu tun.

_____Übung: Heilender Brief – Mein Schicksal und deinen Weg annehmen

> *»Der Tod ist gewissermaßen eine Unmöglichkeit,*
> *die plötzlich zur Wirklichkeit wird.«*
> *(Johann Wolfgang von Goethe)*

Nach einem dramatischen Tod wie dem Suizid bieten wir immer wieder das Ritual des Briefes an. Diese Übung kann Ihnen helfen, den Schatten des Suizides erträglicher zu machen. Sie können diese Übung nur von ganzem Herzen durchführen – es ist der schwerste Schritt im Trauerprozess.

Den Suizid eines lieben Menschen erleben und aushalten zu müssen, bringt die meisten Betroffenen an ihre Grenzen. Wir würden alles tun, um diesen Tod rückgängig machen zu können. Die Frage nach dem Warum stellen Sie sich wahrscheinlich immer und immer wieder. Womöglich gehen Sie die letzten Sekunden oder Stunden des geliebten Menschen immer wieder durch.

Sie versuchen, alles wie ein Puzzle zusammenzufügen. Doch je mehr Zeit vergeht, desto mehr spüren Sie, dass Sie auf die eine oder andere Frage keine Antwort finden. Sie wehren sich gegen Ihr Schicksal und den Weg, den Ihr Angehöriger gewählt hat. Das kostet viel Kraft und Energie. Sie drehen sich im Kreis und finden keinen inneren Seelenfrieden. Das Schicksal Ihres Verstorbenen ist auch Ihr Schicksal. Ihr Lebensweg war für eine bestimmte Zeit miteinander verbunden.

Um mit dem Erlebten gut weiterleben zu können, müssen Sie Ihr Schicksal annehmen. Dazu gehört auch, den gewählten Weg Ihres lieben Menschen zu achten und zu respektieren. Dieser Prozess ist kein leichter. Aber wenn er Ihnen gelingt, werden Sie mit einem sanften, liebevollen Blick auf die gelebte Zeit blicken können und nicht nur auf die Todesart. Vielleicht bleibt auch ein Rest Ablehnung der Handlung in Ihnen – auch das ist in Ordnung. Dann brauchen Sie dies noch, jetzt oder auch später. Es ist Ihr Recht. Sie allein bestimmen, wann Sie bereit für den nächsten Schritt sind.

Die Übung besteht aus einem Brief, der in drei Bereiche unterteilt ist. Grundsätzlich sollte der Brief in einem geschrieben werden, da man sich emotional sehr stark darauf einlassen muss. Planen Sie entsprechend Zeit ein – ein Fenster von ein bis drei Stunden wäre gut. In der Anfangszeit genügt es allerdings auch, nur Brief 1 und 2 zu schreiben. Fühlen Sie in sich hinein, wann Sie für den dritten Schritt bereit sind. Einige gehen auch schon zu Beginn des Trauerprozesses alle drei Schritte, weil sie nicht nur den schweren, schmerzlichen und belastenden Gefühlen Raum geben möchten.

Diese Übung können Sie übrigens auch in anderen Bereichen nutzen, wenn Sie mit Menschen oder Situationen Frieden schließen möchten.

Zeitaufwand:	hoch
Schwierigkeitsgrad:	Intensiv. Empfehlung: Diese Übung kann zeitnah nach dem Tod stattfinden. Ebenso hilfreich ist sie auch nach Monaten oder Jahren.

Dauer:	1 – 3 Stunden
Voraussetzungen:	Ein ruhiger und sicherer Ort, an dem Sie sich wohlfühlen und alle Emotionen zulassen können.
Ziel:	Sie wollen Versöhnung finden mit Ihrem Schicksal und dem gewählten Weg des Verstorbenen.

Teil 1 des Briefes

Legen Sie ein Foto des Verstorbenen vor sich hin und betrachten Sie es. Beobachten Sie, welche Emotionen und Gedanken in Ihnen aufsteigen. Lassen Sie alles zu. Geben Sie Tränen ihren Raum, wenn Tränen kommen. Lassen Sie die Liebe, den Schmerz, die Wut, Hilflosigkeit und alles, was sich zeigt, zu. Negieren Sie nicht, was an Gefühlen da ist. Sie brauchen ihren Raum und ihren Ausdruck. Ansonsten werden sie sich ihren Weg suchen und Sie womöglich krank machen.

Schreiben Sie einfach los. Schreiben Sie direkt an Ihren Verstorbenen. »Lieber ...«, »Mein Schatz ...«

Schreiben Sie von dem, was vor dem Suizid lag. Was Sie gemeinsam erlebt haben. Was gut war und was nicht. Welche Kränkung Sie erlebt haben oder womit Sie selbst verletzt haben. Was unausgesprochen blieb. Schreiben Sie alles, was Ihnen auf dem Herzen liegt, alles, was Sie dem Verstorbenen noch gerne gesagt hätten.

Teil 2 des Briefes

Jetzt schreiben Sie Ihrem Verstorbenen, wie der Suizid Sie aus der Bahn geworfen hat. Welche Ängste Sie seitdem haben. Was es mit Ihnen macht. Was Sie verletzt hat. Welche Gefühle Sie seitdem erleben. Schreiben Sie alles auf, was in Ihnen hochkommt! Seien Sie wütend, traurig ... schreiben Sie es Ihrem Verstorbenen. Spüren Sie, wo in Ihrem Körper sich der Schmerz meldet. Oder ein Unbehagen. Nehmen Sie es wahr.

Teil 3 des Briefes

Schauen Sie das Foto Ihres Verstorbenen mit dem Auge des Herzens an. Erspüren Sie jetzt, welcher Satz oder welche Sätze in Ihnen auftauchen für das Sterben und den Weg des Verstorbenen. Vielleicht können Sie jetzt dem Tod zustimmen – Frieden schließen mit der Entscheidung des Verstorbenen und es zugleich als etwas Schlimmes ansehen. Sagen Sie ihm, dass es sein Schicksal ist und es zu ihm gehört. Sagen Sie, dass Sie es annehmen und akzeptieren. Schauen Sie, ob Sie für sich eine Formulierung finden, die Sie aus tiefstem Herzen aufschreiben und laut sagen. Sprechen Sie ihn so lange laut aus, bis Sie auch das empfinden, was Sie sagen.

Bedanken Sie sich beim Foto Ihres Verstorbenen für alles, was er Ihnen gegeben hat. Sollte dieser Schritt für Sie noch nicht möglich sein, dann versuchen Sie es zu einem späteren Zeitpunkt. Sie spüren, wenn Sie soweit sind, Ihr Schicksal anzunehmen. Wenn es soweit ist, dass Sie die schwere Last nicht mehr mit sich herumtragen wollen.

Abschlussritual

Das Geschriebene, Gesagte und Gefühlte soll umgewandelt werden in eine gute und positive Energie. Dies gelingt sehr schön mit einem Feuerritual. Es ist besonders geeignet, um Energien loszulassen, die Sie für Ihren Seelenfrieden nicht mehr brauchen. Suchen Sie sich einen Ort, an dem Sie den Brief in Asche umwandeln und der Natur übergeben. Dieser Ort kann das Grab des Verstorbenen sein, aber auch ein Fluss oder ein anderer Ort in der Natur. Sie können sich auch jemanden mitnehmen für Ihr Feuerritual.

Vielleicht möchten Sie den Brief vorlesen. So wird das Geschriebene noch einmal gehört. Das Vorlesen wird Sie sicherlich emotional berühren – lassen Sie das zu und übergeben Sie dann alles dem Feuer. Nehmen Sie sich eine Schale mit, um den Brief in der Schale anzuzünden. Wenn er ganz verbrannt ist, übergeben Sie die Asche der Natur, dem Wind, dem Wasser oder der Erde des Grabs. Verabschieden Sie sich und bedanken Sie sich für Ihr gutes Gefühl.

Auf einen Blick

- Viele Suizide haben eine lange Vorgeschichte von inneren Kämpfen, schweren psychischen oder unheilbaren physischen Krankheiten. In diesen Fällen ist es für die Angehörigen manchmal leichter, den Suizid eines geliebten Menschen zu akzeptieren.

- Es besteht keine Pflicht, sich schuldig zu fühlen.

- Den gewählten Weg Ihres geliebten Menschen zu respektieren, ist eine wichtige Grundlage dafür, mit dem Erlebten gut weiterleben zu können.

V. Versöhnung

Abschied nehmen – die ersten Schritte der Versöhnung

Ein Tod, der nicht sein darf

Vor einigen Jahren hatten wir eine außergewöhnliche Begleitung, die uns sehr berührte. Eine Mutter, die von ihrem Mann verlassen worden war, hatte das gemeinsame Kind mit einem Kissen erstickt und sich dann selbst getötet. Die Frau war Assistentin in einer Rechtsanwaltkanzlei. Ihr Ehemann war der Inhaber der Kanzlei. Die beiden hatten sich Jahre zuvor dort kennengelernt, geheiratet und einen Sohn bekommen.

Als der Sohn acht Jahre alt war, geriet die Ehe in eine schwere Krise. Über die Jahre war in dem Mann das Gefühl gewachsen, er sei nur noch ein Geldgeber. Das Paar hatte sich immer mehr entzweit. Schließlich reichte der Mann die Scheidung ein. Die Frau verstand die Welt nicht mehr. Zudem bedrohte die Trennung sie existenziell. Sie verlor nicht nur ihren Mann, sondern zugleich ihre Arbeitsstelle. In diesem Gefühl der Aussichtslosigkeit nahm sie nicht nur sich das Leben, sondern erstickte auch ihren achtjährigen Sohn.

Der Ehemann kam für die Bestattung zu uns. Leider mussten wir schon öfter solche Familientragödien begleiten. Bis dahin hatten wir immer die Erfahrung gemacht, dass der lebende Partner sich nicht mehr um die Beerdigung des Verstorbenen kümmern wollte. Wir sprachen mit dem Mann über den Abschied von seinem Sohn. Ganz vorsichtig fragten wir, ob er sich von seiner Frau ebenfalls am offenen Sarg verabschieden mochte.

Wir erlebten etwas völlig anderes als in den früheren Begleitungen. Der Mann wies den Vorschlag nicht aufbrausend zurück. Er fragte unvoreingenommen nach, wie die beiden denn wahrscheinlich aussehen würden. Wir erklärten ihm, dass wir dafür sorgten, dass sie so aussehen würden, dass man sich noch gut von ihnen verabschieden konnte. Er stimmte unserem Vorschlag zu, sich sowohl vom Kind als auch von der Mutter am offenen Sarg zu verabschieden. Diese Begleitung ist in unserer Arbeit bislang eine sehr außergewöhnliche. In der Regel sind die Hinterbliebenen bei solchen Tragödien überwältigt von übermächtigen Emotionen. In den unendlichen Schmerz über den Verlust des geliebten Kindes mischt sich Hass auf den Menschen, der einem das Kind genommen hat – obwohl man ihn selbst einmal geliebt hat und obwohl das Kind das eigen Fleisch und Blut ist. Eine Beerdigung für den »Täter« ist das Letzte, worum sich diese Hinterbliebenen kümmern wollen. Das führt oft dazu, dass auch die Familienmitglieder des »Täters« sich nicht verabschieden oder auf die Beerdigung kommen dürfen.

Dieser Mann war ohne jeden Hass. Wir erlebten vom ersten Moment bis zum Abschied einen weichen, fürsorglichen Menschen, der seine Frau und seinen Sohn sichtlich erschüttert und hingebungsvoll verabschiedete. Er verstand es als seine Pflicht, nicht nur seinem Sohn, den er nicht hatte schützen können, sondern auch seiner Frau einen würdevollen Abschied zu bereiten. Der Mann äußerte keinerlei Verachtung für die Tat seiner Frau, sondern war voller Demut. Er sah die Bestattung als wichtigen Schritt, den Schock über das unfassbare Geschehen irgendwie zu bewältigen.

Das Einzige, was der Mann sich ausbedungen hatte, war, dass Mutter und Sohn für den Abschied nicht im selben Raum aufgebahrt wurden. Ebenso trug er dafür Sorge, dass Mutter und Kind an zwei unterschiedlichen Orten bestattet wurden.

Mit diesem Abschied hatte der Rechtsanwalt für sich einen Kompromiss gefunden. Er konnte seiner Trauer Ausdruck verleihen, zugleich wünschte und bemühte er sich, bei diesem Abschied schon den ersten Schritt zur Versöhnung zu gehen – Versöhnung mit dem, was geschehen war, und dem, was er als Schuld auf sich genommen hatte. Er versperrte sich selbst nicht den Weg, sondern zeigte Frau und Sohn zum Abschied noch einmal seine Fürsorge. Er konnte seine Gefühle für sich klären, Versäumtes sagen und Gefühle zeigen, Schuld zulassen und ein Stück weit aufarbeiten, kurz: durch den Abschied den Schock überwinden und in seine Trauer finden.

Er schloss die Mutter von dem Abschied nicht aus, im Gegenteil: Der Ehemann ermöglichte es, dass alle Verwandten und Freunde beider Familien sich verabschieden konnten – und zwar von beiden, Mutter wie Kind.

Mit diesem Abschied tat der Mann noch etwas sehr Wichtiges: Er hat die Tat und den Suizid in seiner Familie nicht tabuisiert. Er versuchte nicht, den Tod und seine mögliche Schuld schamvoll zu verstecken, sondern stellte sich allem ganz offen. Er wies die Schuld nicht ab – sondern nahm seinen Anteil auf sich, weil es nichts zu verschweigen und nichts zu beschönigen gab. Es war ein sehr bewegender Abschied. Die Rückmeldungen zeigten uns auch hier, wie wichtig er vor allem nach solch dramatischen Ereignissen für die Überlebenden ist. Der Mann wuchs, weil er trotz der Umstände diesen Abschied für sich und seine Familie zuließ, über sich hinaus. Der Schock lähmte ihn nicht, sondern brachte ihn dazu, sich grundsätzliche Fragen zu stellen. Er war vom ersten Moment an bereit, mit dem Unabänderlichen offen umzugehen. Sein gradliniges Verhalten und seine ernsthafte Betroffenheit, sein Bemühen, sich den letzten Schritten nicht zu entziehen, nötigten allen Respekt ab. Dem Vater half der Abschied, in den Trauerprozess zu kommen. Die ersten Schritte waren getan, um den Verlust, sein eigenes Unglück und die damit verbundenen Schuldgefühle in sein Leben zu integrieren.

Dieser Mann ging mit einer außergewöhnlich offenen Haltung in den Trauerprozess – er brachte schon mit, was viele Hinterbliebene sich erst mühsam erarbeiten müssen. Hinzu kam das Glück, dass er sich verabschieden konnte. Leider ist ein solcher wirklicher Abschied (wie wir ihn nennen) immer noch die Ausnahme. Angehörige, die sich nicht verabschieden konnten oder wollten, leiden besonders lang und intensiv. »Behalten Sie ihn lieber lebend in Erinnerung« – dieser Satz nimmt den Betroffenen die Möglichkeit, mit allen Sinnen zu erfahren, dass der geliebte Mensch wirklich tot ist. Im wahrsten Sinne des Wortes *begreifen* zu dürfen und so in einen aktiven Trauerprozess gehen zu können, ist mitentscheidend für das weitere Leben. Wir wünschen uns, dass es für Betroffene keine Glückssache bleibt, an wen sie in den ersten Stunden nach dem Tod geraten. Es sollte eine Selbstverständlichkeit werden, dass Hinterbliebene Menschen an ihrer Seite haben, die ihnen die Angst vor dem Abschied nehmen und sie unterstützend begleiten.

Abschied von Thorsten

Eine Woche nach dem Tod meines Bruders gab es zwei Abschiede. Den ersten für den engsten Familien- und Freundeskreis und den zweiten für alle Freunde und die Verwandten. Thorsten kannte meine Arbeit aus meinen Erzählungen und fand diese Form des Abschiedes immer sehr schön. Einige

meiner Familienmitglieder fanden es bis dahin allerdings eher befremd-
lich, einen Sarg zu bemalen. Doch als wir uns zum Abschied versammel-
ten, konnten sich alle darauf einlassen. Für alle war es ein befreiendes
und friedvolles Gefühl, noch etwas zu tun und den Sarg zu gestalten. Wir
tauschten Erinnerungen aus, machten Fotos und malten. Jeder, der wollte,
hatte etwas Besonderes mitgebracht, ein Bild, das ihn bewegte oder was
er mit ihm in Verbindung brachte.

Obwohl meine Mutter unsere Arbeit gut kannte und wusste, dass sie
Thorsten nach diesem Tag nie wiedersehen würde, konnte sie ihn lange
nicht berühren. Ich wartete darauf, dass sie seine Hand berühren, seinen
Kopf streicheln oder ihn sogar in den Arm nehmen würde. Aber es ge-
schah nicht. Später erzählte sie mir, welchen inneren Kampf sie in diesem
Moment führte. Einerseits brachte sie es nicht über sich, ihn zu berühren,
andererseits fragte sie sich: »Warum kannst du es nicht? Es ist doch dein
Kind!« Sie stand neben ihm und versuchte innerlich mit ihm zu sprechen.
Es war immer nur diese eine Frage in ihr: «Warum, warum, warum ...?
Warum hast du das gemacht? Was habe ich falsch gemacht?» Es war kein
Vorwurf – sie wollte es nur verstehen. Weil wir alles getan hätten, um ihn
davon abzuhalten und ihm zu helfen und wieder eine Lebensperspektive
zu schaffen.

Meine Eltern leben seit 1985 getrennt, beim Tod meines Bruders waren es
23 Jahre. 23 Jahre, in denen meine Eltern sich weitestgehend aus dem Weg

gegangen waren und sich entfremdet hatten. Jeder führte sein neues, eigenes Leben. Während meine Mutter, meine Schwester und ich am Sarg meines Bruders standen, kam mein Vater herein und sah zum ersten Mal seinen toten Sohn. Er ging sofort auf meine Mutter zu und sie nahmen sich in den Arm und weinten bitterlich. Eng umschlungen und schluchzend standen sie da und blickten auf meinen Bruder, auf ihren toten Sohn. Dieser Moment der innigen Verbundenheit nach Jahrzehnten der Trennung bewegt mich noch heute. Es ist die stärkste der vielen versöhnlichen Erinnerungen, die ich von diesem Abschied mitgenommen habe.

Immer noch unfähig, ihrem Kind Lebewohl zu sagen, bekam meine Mutter Panik. Sie dachte: »Das ist deine letzte Chance, du wirst dir ewig Vorwürfe machen, wenn du ihm nicht noch einmal ein Zeichen gibst.« Es kostete sie unglaublich viel Überwindung. Aber schließlich nahm sie seine Hände und weinte und weinte. Es war ein schönes, friedliches Gefühl. Die Erinnerung an diesen Moment erfüllt sie heute noch und gibt ihr Trost. Es war für sie der wichtigste Schritt bei diesem Abschied, diese Hände zu spüren, auch die Kälte seines Todes – um zu begreifen, dass er gegangen war. In dieser Nacht schlief sie zum ersten Mal seit einer Woche erschöpft ein und lange durch.

Auf einen Blick

- Um mit einem Suizid weiterleben zu können, müssen wir annehmen lernen, dass es ist, wie es ist. Nur mit dieser Akzeptanz können wir zur Versöhnung, zu einem erfüllten und freudvollen Leben finden.

- Der Abschied vom Verstorbenen am offenen Sarg ist der erste wichtige Schritt auf dem Weg zur Versöhnung. Dies gilt umso mehr, je problematischer der Suizid für den Hinterbliebenen ist.

Verantwortung

Zurück ins Leben finden

Wie schafft man es, mit einem Suizid weiterzuleben? Der »wirkliche« Abschied, von dem wir so oft sprechen und der uns so sehr am Herzen liegt, ist ein wichtiger erster Schritt. Mit ihm kann die Verarbeitung beginnen, er öffnet den Weg in die Trauer. Doch nicht jeder erhält – aus welchen Gründen auch immer – diese Möglichkeit. Bevor der Hinterbliebene klar denken kann, ist der geliebte Mensch ohne ein Wiedersehen bestattet worden. In vielen Fällen erschwert das den Trauerprozess. Doch das heißt nicht, dass dieser unmöglich wird. Wer sich der Trauer und dem Schmerz öffnet, wird seinen Weg finden.

Der Weg führt durch großes Leid, durch die unterschiedlichsten und heftigsten Gefühle hin zur Versöhnung. All diese Gefühle müssen wir zulassen, uns hinfühlen und in sie einfühlen – um sie schließlich zu überwinden. Wenn wir in der Leere bleiben und verdrängen, können wir unseren Weg nicht weitergehen. Diese Arbeit ist nie vollendet – auch Jahre später können heftige Gefühle aufkommen. Auch dann müssen wir uns ihnen stellen, ihnen Zeit und Raum geben.

In der ersten Zeit sieht es so aus, als ende mit dem Tod des Angehörigen auch das eigene Leben. Man funktioniert und überlebt wie eine leere Hülle. Alles wurde vernichtet und man sitzt wie betäubt da. Wünsche und Pläne wurden zerstört. Die Zukunft ist ein großes schwarzes Loch und erfüllt einen mit Schmerz, wenn man daran denkt. Im ersten Moment hat man das Gefühl, dass es gar keine Zukunft mehr für einen geben kann. Es sollte doch eine gemeinsame Zukunft sein.

Ganz leise und unbewusst fangen wir dann doch wieder an, unser Leben zu planen. Der nächste Restaurantbesuch wird ausgemacht, das Wochenende in den Bergen, die Sportstunde mit der Freundin. So gibt es doch eine Zukunft – die eigene, ohne den geliebten Menschen und anders als gedacht oder gewünscht. Es beginnt ein neuer Abschnitt. Es beginnt mein Leben, und mein Verstorbener wird ein Teil dieses »neuen« Lebens sein. In diesem »neuen« Leben gibt es ein neues Lebensgefühl: Es ist das Gefühl, frei zu sein – das aber hat nichts damit zu tun, den Verstorbenen »loszulassen« oder zu »vergessen«, wie es oft geraten wird.

Es gibt keine Trennlinie, die wir überwinden können, um mit einem Schritt vom »alten« ins »neue« Leben zu gelangen. Wir schleichen uns langsam ein. Lange Zeit verweilen wir in einem Zwischenreich – mal blicken wir nach vorn und spüren Kraft in uns, mal übermannt uns der Schmerz und wir fragen verzweifelt nach dem Sinn. Mal versinken wir in einem Extrem, mal fühlen wir uns zerrissen zwischen zweien. Es wird immer wieder Momente geben, in denen uns der Verstorbene ganz besonders fehlt. Bei der Taufe des Enkels, bei der Hochzeit, an Weihnachten, bei der Abschlussfeier der Kinder und noch bei vielen anderen Gelegenheiten. Immer wieder müssen wir aufs Neue akzeptieren, dass unser Leben ohne den geliebten Menschen weitergeht.

Der Volkssänger Andreas Gabalier verlor sowohl seinen Vater als auch zwei Jahre später seine Schwester durch Suizid. Beide nahmen sich auf die gleiche Weise das Leben. Im Jahr 2015 heiratete Andreas Gabaliers Bruder. Von der Hochzeit strahlte das Fernsehen bewegende Bilder aus. Die beiden Brüder, emotional sehr ergriffen, ließen ihren Tränen freien Lauf. Nicht nur die stimmungsvolle Zeremonie bewegte sie, sondern auch, dass Vater und Schwester dieses Ereignis nicht mehr mit ihnen teilen konnten.

So werden die beiden immer wieder an bestimmten Tagen und Ereignissen fehlen. Das Schlimmste ist in dieser Familie passiert und hat alles verändert – bis heute und bis ans Ende ihres Lebens. Es gehört viel Mut dazu und verdient allerhöchsten Respekt, dass die beiden Brüder und die ganze Familie sich mit ihrer Geschichte und ihren Gefühlen nicht verstecken. Sie sind Vorbild für viele Betroffene, denn sie leben vor, dass beides sein darf und nebeneinander steht: Freude und Trauer.

Die Trauer, die am Anfang alles überdeckt, zieht sich mit der Zeit ein Stück weit zurück. Immer häufiger erkennen wir wieder, wie schön das Leben sein kann. Zugleich bleibt es für viele unbegreiflich, warum der Partner, der Sohn oder die Mutter nicht mehr weiterleben und nicht mehr am Leben der anderen teilnehmen wollte. Auch das müssen wir akzeptieren, dass es einen Teil gibt, den wir nie ganz begreifen werden. Dass das Leben ohne diesen Menschen weitergehen wird.

Es bleibt die Sehnsucht nach dem Verstorbenen. Sehnsucht ist immer an eine Bindung geknüpft. Es ist eine neue Bindung, die zum Verstorbenen entstanden ist. Diese Bindung müssen wir uns langsam erarbeiten. Sie ist eine der zahlreichen Veränderungen in unserem Leben, wie auch die große Narbe in unserem Herzen, die der Verstorbene hinterlassen hat. Durch sie ist der Verstorbene Teil von uns, wir tragen ihn stets in uns und bei uns. Die Narbe wird immer wieder schmerzen. Doch es hat keinen Sinn, dagegen anzukämpfen und das Schmerzhafte von uns abzuspalten. Der Tod hat uns verändert und geprägt.

Viele Betroffene sagen, der Verlust eines geliebten Menschen durch Suizid fühle sich so an, wie sie sich eine Amputation vorstellten. Mit diesem Bild lässt sich auch das Weiterleben beschreiben: Das Leben geht auch nach einer Amputation weiter, aber es ist ein anderes Leben. Bestimmte Dinge, die ein Mensch vorher getan hat, sind nun nicht mehr möglich.

Der einzige Weg in ein erfülltes, freudvolles Leben führt über die Akzeptanz. Um mit einem Suizid weiterleben zu können, müssen wir annehmen, dass es ist, wie es ist. Dass unser geliebter Mensch diesen Weg gewählt hat. An diesem Punkt können wir unser Herz öffnen und eine andere Bindung zum Verstorbenen und ein anderes Lebensgefühl können wachsen. Unser Blick kann sich wieder zum Leben und zum Schönen wenden.

Übung: Klagen in Wünsche verwandeln

Der Suizid eines geliebten Menschen führt uns in eine neue, meist unbekannte Welt. Er stellt uns viele scheinbar unlösbare Aufgaben. Die wenigsten Menschen haben Erfahrung mit solchen Situationen. Die meisten betreten die Welt der Trauer recht unerfahren – und sind unsicher, wie sie ihr Leid artikulieren sollen. Wir haben schon im Kapitel »Trauer« erklärt, wie wichtig es ist, seinen Gefühlen freien Lauf zu lassen, zu weinen, wenn einem danach ist, und die heilende Kraft der Tränen zu erfahren.

Sind die Tränen getrocknet, können wir unser Leid in Worten mitteilen. Doch wie treffen wir dabei den richtigen Ton? Viele von uns haben nie gelernt zu klagen. Klagen ist nicht dasselbe wie jammern. Wer jammert, bemitleidet sich selbst. Ein Jammernder verfängt sich oft in seinem Selbstmitleid und gerät in eine Endlosschleife, aus der er nicht mehr herausfindet. Das Umfeld wird ungeduldig und verlangt vom Jammernden, die Trauer hinter sich zu lassen und wieder nach vorn zu schauen. Ein Teufelskreis kann entstehen: Der Betroffene versucht nach außen zu funktionieren und macht »gute Miene zum bösen Spiel«. Er vertraut sich niemandem mehr an und vereinsamt immer mehr. Darüber jedoch bemitleidet er sich im Stillen noch mehr und er verbittert.

Die Klage äußert den Schmerz, ohne dass der Klagende sich selbst in den Mittelpunkt stellt. Üben Sie das Klagen, indem Sie Ihre Klagen auf einen Zettel schreiben. Bei genauerer Betrachtung verbirgt sich hinter jeder Klage ein Wunsch. Nehmen Sie sich den Zettel und überlegen Sie: Was steht hinter jeder einzelnen Klage? Wenn Sie merken, dass Sie dazu bereit sind – das kann sofort sein, aber auch erst Tage oder Wochen später –, dann verwandeln Sie Ihre Klagen in Wünsche. Schreiben Sie alles auf einen Zettel. Diesen legen oder hängen Sie an einen Platz, wo Sie ihn einmal am Tag sehen – morgens im Badezimmer, abends neben dem Bett. Lassen Sie den Zettel dort 40 Tage lang und lesen Sie ihn jeden Tag einmal. Nach 40 Tagen verbrennen Sie den Zettel und übergeben ihn der Natur. Lassen Sie den Wunsch/die Klagen los.

Beobachten Sie, was dieses Ritual mit Ihnen macht. Wann immer Sie das Bedürfnis haben, Klagen umzuwandeln, wiederholen Sie es. Beginnen Sie damit, Ihre Wahrnehmung zu ändern und genauer hinzuschauen, was Ihnen Ihre Gefühle sagen möchten. So können Sie wieder Vertrauen ins Leben und in sich selbst finden. Auf diese Weise öffnet sich auch der Blick für das Gute und Schöne in uns. Wir können in all der Dunkelheit und dem Schmerz wieder neu mit dem Auge des Herzens sehen. Bis dahin kann es ein langer Weg sein. Sind aber die Schleier von den verweinten Augen gewichen und das Auge des Herzens kann wieder klar sehen, zeigen sich die liebevollen Dinge, die uns zur Versöhnung geleiten können. Der neue Lebensweg kann beginnen, beides wird sich dort zeigen, die schmerzende und die dankende Erinnerung werden Teil meines Weges. Ich schaffe eine Grundlage, von der aus ich weitergehen kann. Solange ich aber mit mir selbst hadere und nicht verzeihen kann, wird meine Heilung nicht beginnen. Die Versöhnung mit dem Suizid, dem Schicksal, ist die Grundlage der Heilung.

Inneren Frieden schaffen

Alles in uns wehrt sich gegen diesen Tod. Unser Inneres kämpft gegen die Realität an; wir würden diesen Tod gerne rückgängig machen. Dieser Kampf kostet unglaublich viel Energie. Er versperrt den Blick auf alles andere, das uns im Leben begegnet. Eine Weile lang ist dieses Aufbäumen ganz natürlich. Doch irgendwann kommt eine Weggabelung: Wir können uns entscheiden, ob wir uns weiter im Kampf gegen diesen Tod aufreiben wollen oder ob wir uns auf den Prozess der Versöhnung einlassen.

In der Versöhnung liegt die größte Herausforderung der Trauer. Nur mit ihr können wir uns wieder dem Leben zuwenden, Zugang zu unserem Herzen finden und wieder aus der Tiefe des Herzens leben. Dazu müssen wir unser Schicksal akzeptieren. Es ist, wie es ist. Es lässt sich nicht mehr löschen oder verdrängen, dass der Verstorbene sein Leben selbst beendet hat und dass dies nun Teil unseres Lebens ist.

Tief in unserem Herzen sehnen wir uns danach, zufrieden leben zu können. Das Wort Zufriedenheit enthält das Wort Frieden, den inneren Frieden, den sich jeder Mensch nur selbst geben kann. Es liegt in unserer eigenen Verantwortung, für unseren inneren Frieden zu sorgen.

Wer die Trauer gut in sein Leben integriert hat, steht auf einem »lachenden« und einem »weinenden Bein«, wie wir schon weiter vorn erläutert haben. Das Gleichgewicht schafft inneren Frieden – doch es findet sich nicht von allein, sondern es ist unsere Aufgabe, die beiden Gewichte miteinander auszubalancieren. Die Kraft dazu liegt in unseren Gedanken. Wir können uns in die schweren Emotionen hineinfallen lassen, aber auch einmal eine Pause machen. Das soll nicht heißen, dass die trüben Gedanken nicht sein sollen oder dürfen. Im Gegenteil, sie brauchen dringend ihren Ausdruck und ihren Raum. Aber ebenso dürfen auch wieder die guten, positiven Gefühle und Gedanken auftauchen. Das kann aber einzig ich zulassen. Es braucht meine Bereitschaft, den inneren Frieden leben zu wollen.

Aktiv das Leben in die Hand zu nehmen, fördert unser Seelenheil. Blinder Aktionismus wird uns nicht helfen, Aktivität alleine bringt noch keine Heilung. Aber nur wer es wagt, den Blick auf etwas Neues zu richten, kann auch Neues entdecken. Nur wer versucht, sich wieder über kleine Dinge zu freuen, wird feststellen, ob er sich schon wieder freuen kann. Der Schmerz wird dabei nicht kleiner oder weniger, aber die innere Kraft und Stärke dürfen sich wieder äußern und zeigen. Die Trauer bleibt, aber sie wird erträglicher. Milde mit sich selbst umgehen und Verständnis aufbringen, will gelernt sein. Das gilt für den Umgang mit anderen genauso wie für den Umgang mit uns selbst.

 ## _____Übung: Ein Koffer voller Glücksblumen

> *»Und auch das unglücklichste Leben hat seine Sonnenstunden und*
> *seine kleinen Glücksblumen zwischen dem Sand und Gestein.«*
> *(Hermann Hesse)*

In der Zeit der Trauer ist nichts mehr, wie es war, die guten und kraftgebenden Quellen sind verschüttet. Sie fühlen sich vielleicht oft alleingelassen, kraftlos und mutlos. Deshalb ist es wichtig, dass Sie in der schweren und trostlosen Zeit neu lernen, den Blick auf Ihre eigenen, persönlichen »Glücksblumen« zu lenken. Das Packen eines Koffers voll mit stärkenden, wohltuenden und Mut machenden Fähigkeiten wird für Sie sehr hilfreich sein, wenn Sie eine Zeitlang Pause von der Trauer machen möchten. Diese Auszeiten sind sehr sinnvoll und wichtig, damit Sie sich immer wieder stärken für den Weg, der noch vor Ihnen liegt – der Weg, auf dem beides sein darf, das Lachen und das Weinen. Je besser Sie Ihre Lebenskraft stärken und einen guten Umgang mit sich selber pflegen, desto eher kann es Ihnen gelingen, den Verlust Ihres geliebten Menschen heilsam in Ihr neues Leben zu integrieren.

Zeitaufwand:	gering
Schwierigkeitsgrad:	Situationsabhängig – es sollte Ihnen in dem Sinne gutgehen, dass Sie sich stabil fühlen.
Dauer:	maximal 30 Minuten
Voraussetzungen:	Papier und Stift
Ziel:	Sie sollen Ihre Aufmerksamkeit gezielt auf Möglichkeiten der Unterstützung richten. Das gibt Ihnen die Sicherheit, darauf zurückzugreifen und es sich gutgehen zu lassen. Haben Sie die Liste sichtbar bzw. immer in greifbarer Nähe.

Das Füllen Ihres Koffers bringt Sie ganz nebenbei dazu, aktiv zu werden, Gedanken in Worte zu fassen, sich zu erinnern. Das mag unbedeutend wirken – ist es aber nicht. Durch das Erkennen und Aufschreiben Ihrer Fähigkeiten erkennen Sie zudem, was alles in Ihnen ist. Es muss nur hervorgeholt werden. Die Beschäftigung mit Ihren ganz persönlichen »Glücksblumen« schenkt Ihnen eine Pause vom Traurigsein.

Gehen Sie folgende Fragen für sich durch und notieren Sie, was Ihnen dazu einfällt:

• Was tröstet Sie?
(Kuscheltier, schöner Film, malen ...)

- Welche Menschen tun Ihnen gut – auf welche unterschiedliche Weise?
  (Meine Mutter, da sie nie urteilt ... Mein Arbeitskollege, weil er mich immer zum Lachen bringt ...)

- Was hilft, wenn es wirklich brennt?
  (Beste Freundin anrufen, spazieren gehen ...)

- Womit können Sie Ihrem Körper Wohlbefinden schenken?
  (Massage, Wanderung, Rosenölbad ...)

- Wie können Sie fehlende Energie aufladen, wenn Sie sich kraftlos fühlen?
  (Wellnesswochenende, schlafen und ausruhen, Gartenarbeit ...)

- Was sind Ihre Top-3-Selbstverwöhn-Tipps?
  (Abend mit Freunden, kochen, Theater ...)

- Wie können Sie überschüssige Energie abbauen, wenn Sie fast platzen?
  (Joggen, in ein Kissen boxen, schreiben, erzählen ...)

Wenn Sie Ihren Koffer gefüllt haben, dürfen Sie wieder kreativ sein. Sie können sich eine Liste machen oder Sie gestalten einzelne Karten mit Farben, Symbolen und Ihren Fähigkeiten. Sie sollten Ihren »Koffer« an einen Ort legen, der jederzeit erreichbar ist und den Sie immer wieder im Blick haben, damit er Sie an Ihre »Glücksblumen« erinnert.

Annehmen ohne Wertung

Um uns mit dem Schicksal zu versöhnen, müssen wir vergeben können. Vergeben heißt nicht nur anderen zu vergeben, sondern an erster Stelle sich selbst. Nur wer sich selbst vergeben kann, kann das auch bei seinen Mitmenschen. Vergeben zu lernen kann sehr lange dauern und ist ein schwerer, aber sehr wichtiger Prozess. »So wie ich bin, bin ich in Ordnung« – diesen Halt kann ich mir nur selbst geben. Kein Mensch geht fehlerfrei durchs Leben. Aus den unterschiedlichsten Gründen treffen wir Entscheidungen oder sagen Worte, die wir später gerne rückgängig machen würden. Es ist aber passiert. Sich das vor Augen zu führen und sich selbst zu vergeben, bewirkt eine Veränderung. Ich kann nur meine Haltung zum Geschehen ändern, das Geschehene selbst nicht mehr. Wenn ich mit dem Suizid meines geliebten Menschen im inneren Frieden weiterleben will, muss ich respektieren und akzeptieren, dass er sich gegen das Leben entschieden hat. Ich kann dies gesund in mein Leben integrieren, wenn ich sein Schicksal achte und zulasse, dass es ist, wie es ist. Trotzdem darf es wehtun.

Mein Herz kann sich wieder für das Leben öffnen, wenn ich den Tod meines Angehörigen ohne Wertung annehmen kann. Gefühle wie Schuld, Wut oder Angst tragen eine Wertung in sich. Diese Gefühle dürfen sein und wir sollten sie nicht rechtfertigen oder verurteilen. Was auch immer da hochkommt – Ärger, Traurigkeit, Angst, Verletzung –, wir sollten es annehmen und uns das Gefühl erlauben. Wenn wir uns unserer Gefühlswelt bewusst werden, erkennen wir die eigentlichen Gründe für die Angst, die Wut oder den Ärger. Die Herausforderung besteht darin, in der Gegenwart zu bleiben. Meldet sich die Traurigkeit, dann ist es sinnvoll und gut, in der Traurigkeit zu bleiben. Der Moment bringt immer das, was gerade sein soll. Wir lassen unsere eigenen Gefühle ohne Wertung zu und überwinden sie dadurch. Wenn uns das gelungen ist, können wir auch ohne Wertung auf den Suizid blicken.

Jeder trägt seine eigene Verantwortung

Der Verstorbene hat uns mit seinem Suizid in eine andere Welt gestürzt. Seine Tat ist die Ursache dafür, dass wir uns so fühlen, wie wir uns fühlen. Aber ist er damit auch verantwortlich für das, was wir fühlen?

Je enger die Beziehung zum Verstorbenen war, desto enger waren die beiden Leben miteinander verwoben. Was der eine tat, hatte Bedeutung für den anderen. Immer wieder wird auch – je nach Konstellation – einer sich für den anderen verantwortlich gefühlt haben oder der eine den anderen für etwas verantwortlich gemacht haben. Und doch gibt es zwischen erwachsenen Menschen in dieser Hinsicht Grenzen. Je gesünder die Beziehung, desto klarer waren die Grenzen schon zu Lebzeiten gezogen. Menschen können sich unterstützen und füreinander da sein, aber sie können einander nicht das Leben abnehmen.

Selbst wenn ein Mensch Verantwortung trägt für das, was einem anderen widerfährt, ist doch der andere verantwortlich dafür, wie er damit umgeht. So endgültig wie der Suizid zwei Leben auseinanderreißt, so eindeutig trennt er auch die Verantwortung: Der geliebte Mensch ist verantwortlich für die Entscheidung, sich zu töten; der Hinterbliebene ist verantwortlich dafür, wie er damit umgeht. Als die bedrückendsten Begleitungen von Suizid empfinden wir in unserer Bestattungsarbeit die, in denen der Verstorbene einen Abschiedsbrief voller Beschuldigungen hinterlässt und somit nicht einmal die Verantwortung für seine letzte Handlung übernehmen will.

Der Trauernde hat nach einem Suizid zwei Verantwortungen anzuerkennen: die des geliebten Menschen für seine Entscheidung und seine eigene für seinen Umgang damit. Wer diesen Schritt schafft, hat die schwierigste Aufgabe bewältigt. Die Verantwortung für sein Leben zu tragen, führt zur inneren Heilung.

Das eigene Leben anzunehmen und Verantwortung dafür zu tragen, bringt Veränderung. Und Veränderungen machen erst einmal Angst. Aber was kann überhaupt ohne Veränderung geschehen? Wir sollten sorgsam in uns hineinfühlen und diese Angst betrachten: Woher kommt sie? Wovor fürchten wir uns? Diese Achtsamkeit kann die Angst schon kleiner machen oder sogar ganz lösen. Je besser wir die Angst verstehen, desto freier werden wir von ihr. Der Weg zu unserer »Kopf-Herz-Verbindung« öffnet sich wieder. Das geschieht durch unsere neue innere Haltung. Betrachten wir unser Leben mit den Augen des Herzens, können wir bei den Gefühlen bleiben und gleichzeitig wieder das Schöne und Positive spüren.

Oft machen wir andere Menschen für unser Gefühlsleben verantwortlich.

Viele Menschen suchen sowohl Befriedigung als auch Schuld bei anderen. Das ist sehr hinderlich, denn Freude kann letztlich jeder nur in sich selbst finden, ganz gleich, wie andere Menschen mit ihm umgehen. Natürlich ist es unser aller Bedürfnis, fair und liebevoll behandelt zu werden. Die Realität sieht aber meist anders aus. Also kann unser Ziel nur sein, innerlich Frieden zu finden.

Viele Trauernde stellen sich die Frage, wie sie wieder unbeschwerter durchs Leben gehen können. Wie sie wieder lachen oder sich an Dingen erfreuen können. Solange das Herz noch voller Trauer und Schmerz ist, ist die Zeit vielleicht noch nicht reif. Doch jeder trägt tief in seinem Herzen auch die Sehnsucht, wieder »freier« durchs Leben gehen zu können. Es liegt in der eigenen Verantwortung, den richtigen Zeitpunkt zu erspüren und Freude und Heiterkeit auch zuzulassen, wenn sie aufkommen wollen.

Dann gibt es die Wehmut und die Sehnsucht, die sich vielleicht bis ans Ende unseres Lebens immer wieder melden werden. Auch mit ihnen können wir verantwortlich umgehen: Sie gehören jetzt zu unserem Leben. Oft erfassen sie uns in den schönen Momenten: im Urlaub, bei einer Wanderung, bei einer bestimmten Musik oder am Todestag und Geburtstag des Verstorbenen. Wir können sie zulassen, ihnen Raum geben und sie dann auch wieder ruhen lassen. Sie zeigen uns auch Jahre später das Fehlen des geliebten Menschen – und dass dieses Teil unseres Lebens ist. Ein Teil.

Mit der Einsicht in unsere Verantwortung können wir auch den veränderten Lebensweg als unseren neuen Weg akzeptieren. Nicht, weil wir diesen schmerzhaften Einschnitt selbst gewünscht hätten, sondern weil uns klar geworden ist, dass wir für den weiteren Weg selbst verantwortlich sind. Das Leben geht weiter – ja –, aber anders. Und dieses »anders«, gegen das sich zu Beginn des Trauerweges innerlich alles aufbäumt, können wir irgendwann gestalten und leben. Wir müssen dazu bereit sein und den Schmerz durchlebt haben, wir müssen uns dazu mit unserem Schicksal versöhnen. Haben wir das geschafft, können wir aufhören, den Verstorbenen für unser Leid verantwortlich zu machen. Dann werden uns Schwere und Bitterkeit verlassen.

Auf einen Blick

- Der Weg zur Versöhnung führt über die Vergebung. Dabei müssen wir zu allererst uns selbst vergeben.

- Wir sollten versuchen, alle Gefühle, die der Suizid in uns hervorruft, ohne Wertung zuzulassen. Nur so kann es uns gelingen, auch den Suizid ohne Wertung anzunehmen.

- Zur Heilung führt die Einsicht in die Verantwortung: Der Verstorbene ist verantwortlich für seine Entscheidung, sich zu töten. Der Hinterbliebene ist verantwortlich dafür, wie er damit umgeht.

- Es liegt in unserer eigenen Verantwortung, unsere Gefühle auszubalancieren, um unseren inneren Frieden zu finden.

Weiterleben mit dem Suizid

Alles hat seine Zeit

Seien Sie nicht ungeduldig mit sich, wenn Sie spüren, dass die Zeit zur Versöhnung noch nicht reif ist. Ihre Tränen dürfen so lange fließen, wie es für Sie in Ordnung ist; Ihre Klagen, was hätte sein können, dürfen Sie so lange äußern, wie Sie es brauchen. Achten Sie auf sich und Ihre Bedürfnisse. Wichtig ist, dass Ihnen bewusst wird, dass Sie die Wahl haben. Sie werden immer wieder an einen Punkt kommen, an dem Sie selbst entscheiden dürfen.

Der Weg zur Freude führt durch den Schmerz, das haben wir in unserem Buch immer wieder aufgezeigt. Nur durch den Schmerz finde ich in die Versöhnung. Das kann lange dauern. Jeder hat seine Zeit und braucht seine Zeit. Lassen Sie sich helfen – von einfühlsamen Menschen in Ihrer Umgebung, aber auch von Fachleuten, sollte die Last zu groß werden.

Den Kampf gegen das Schicksal aufzugeben, schafft ein neues Lebensgefühl. Wir können unser Leben nicht kontrollieren, und wir haben nicht alles in der Hand. Das zeigt uns der selbstgewählte Tod eines geliebten Menschen mit all seiner Härte. Darauf hatten wir keinen Einfluss. Aber wir haben Einfluss darauf, wie lange wir innerlich dagegen ankämpfen und wann wir uns für den Weg entscheiden, den inneren Frieden zu finden.

Der Weg kann schwierig sein, daher ist eine Hilfe immer sinnvoll. Es wird Sie auch immer wieder »zurückwerfen«, bis Sie es verinnerlicht haben und es zu Ihrer eigenen Haltung geworden ist. Auch das ist normal. Auf unserem Trauerweg gehen wir bestimmte Phasen ständig neu durch. Wenn Sie anfangen, Ihr Bewusstsein zu schärfen und es immer öfter in eine positive Richtung lenken, werden die Phasen der lebenshindernden Trauer immer kürzer und die der lebensfördernden immer länger.

Halten Sie immer wieder inne und schauen Sie zurück, was Sie schon alles geschafft haben. Wir sind immer gut darin, uns selbst zu verurteilen, aber nicht darin anzuerkennen, was wir schon geschaffen haben. Wandeln Sie die Energie des Nicht-akzeptieren-Wollens um in Akzeptanz, öffnet das die Chancen zu innerem Wachstum.

Der Tod bringt mich nicht um

Manchmal gleicht das Schicksal einem Axtschlag, der auf einen Baum trifft. Es gibt Menschen, die zerbrechen schon an einem Schicksalsschlag. Bei anderen folgt Schlag auf Schlag wie beim Fällen eines dicken Baumes – und der Mensch bleibt äußerlich nahezu unversehrt stehen. Ein starker Baum kann immer wieder neue Schläge aushalten. Die Rinde wächst über die Wunden; der Baum heilt mit vielen sichtbaren Narben. Wenn die Schläge aber nicht aufhören, immer auf dieselbe Stelle treffen und Wunden nicht vernarben, fällt der Baum. Darum ist der Trauerprozess so wichtig – damit Wunden vernarben können und damit wir überleben.

Einige Freunde von mir (Nicole Rinder) sagen, ich selbst sei ein Forschungsthema für Resilienz: für das, was ein Mensch auszuhalten vermag, ohne sichtbaren Schaden an seiner Seele zu nehmen. Wenn ich an meine eigene Geschichte denke, meine Trauer um den Tod meines Sohnes Leon Paul, die wir in unserem ersten Buch »Das letzte Fest« erzählt haben, und die Wut und Fassungslosigkeit über den Suizid meines Bruders, dann weiß ich, dass ich einen steinigen Weg hinter mir habe. Geholfen hat mir meine Fähigkeit, gut für mich zu sorgen und mir Kraftinseln zu schaffen. Ohne die vielen lieben Menschen an meiner Seite hätte ich es nicht geschafft. Und schließlich habe ich mir auch Hilfe geholt, um den Blick zu ändern oder weitermachen zu können. Alles hat zu meinem Trauerprozess und zur Heilung beigetragen.

Mit dem Suizid meines Bruders konnte ich mich erst nach Jahren versöhnen. Das war eine sehr große Herausforderung und schwere Aufgabe. Heute kann ich sagen, dass ich seine Entscheidung respektiere und akzeptiere. Er hat diesen Weg gewählt, und ich gehe meinen Weg weiter. Die Trauer durchzieht heute noch manche meiner Tage, aber sie wirft mich nicht mehr aus der Bahn. Thorstens Tod ist ein Teil meiner Biografie geworden. »Der Tod bringt mich nicht um«, habe ich in einem Interview gesagt. Dieses Wissen trage ich heute tief in mir. Dazu gehört der Weg durch den Schmerz, sich dem letzten und wichtigsten Abschied zu stellen, um in einen gesunden Trauerprozess zu kommen. Dies hilft, die enorme Krise eines Todes in unser Leben zu integrieren.

Dass das nicht nur in meinem Leben gelungen ist, sondern uns auch in unserer Arbeit bei AETAS gut gelingt, erfahren wir durch die vielen positiven Rückmeldungen, die Florian Rauch und ich bei unserer Trauerbegleitung erhalten. Die Rückmeldungen bestätigen uns, dass wir mit unserer Arbeit auf dem richtigen Weg sind. Es ist die Arbeit mit Menschen für Mitmenschlichkeit. Eine Arbeit, die trotz all der Umstände, so unglaublich das klingen mag, auch erfüllend sein kann in den Momenten des Gelingens. Die Nähe zum Tod ist immer wieder mit der Botschaft verbunden, den Wert des Lebens schätzen zu lernen. Leben und Tod gehören unmittelbar zusammen. Es gibt kein Leben ohne Tod, und es gibt den Tod nicht, wenn nichts lebt, was sterben kann. Somit haben wir immer wieder die Aufgabe, in uns zu schauen, was ist und was wir selbst vom Leben erwarten.

 ## ____Übung: Dankbarkeitsritual zur blauen Stunde

> »Dankbarkeit ist das Gedächtnis des Herzens.«
> (Jean-Baptiste Massillon)

Gerade in der Zeit der Trauer ist der Blick für schöne kleine Dinge ein wenig verschwommen und viele guttuende Gegebenheiten werden erst gar nicht bewusst. Bei dieser Übung geht es darum, die Achtsamkeit auf sich und den erlebten Tag zu lenken und sich für das ein oder andere zu bedanken. Aus der Resilienzforschung ist bekannt, dass Menschen, die dankbar sein können, sich wohler fühlen.

Viele Menschen verlieren in einer Zeit großer seelischer Belastungen die Liebe zu sich selbst und den Blick für das Schöne. Das Mitgefühl für die eigene Geschichte weicht Anklagen und negativen Gedanken, die uns nur schwächer machen. Wenn wir uns und unser Leben ablehnen, uns selbst ständig niedermachen, alles kritisieren – wie sollten wir da wieder stark werden und unsere Lebenskraft zurückgewinnen?

Die blaue Stunde ist die Zeit, in der sich der Tag verabschiedet und die Nacht willkommen heißt. Sie gibt uns die Möglichkeit, den Tag ganz bewusst ausklingen zu lassen, um dann den Abend zu beginnen.

Zeitaufwand:	gering
Schwierigkeitsgrad:	gering
Dauer:	10 – 15 Minuten
Voraussetzungen:	Machen Sie es sich an einem möglichst ruhigen Platz ohne Telefon gemütlich. Sie sollten nicht sprechen müssen – nur ruhig atmen! Schauen Sie nach draußen oder sitzen Sie draußen.
Ziel:	Raus aus der Routine – bewusst den Tag verabschieden und sich für Gutes bedanken. Dankbarkeit üben.

Versuchen Sie sich zu entspannen, atmen Sie ein und aus. Konzentrieren Sie sich auf Ihren Atem. Nach einigen tiefen, intensiven Zügen, wenn Sie spüren, dass Sie ruhig und entspannt sind, dass nichts Sie stört und sich alles gut anfühlt, atmen Sie tief aus und richten Ihren Blick in die Natur. Schauen Sie, wie das Licht sich jetzt verändert – wie es langsam in ein sanftes helles Blau übergeht. Wie sich der Tag in leisen Schritten verabschiedet und der Nacht den Auftritt lässt. Dann lassen Sie Ihren Tag in Gedanken Revue passieren.

- Wie hat er begonnen?
- Welchen Menschen sind Sie begegnet?
- Welche Situationen gab es?
- Welche waren gut, welche aber auch nicht?

Schauen Sie sich alles an und lassen Sie die Gefühle noch einmal aufkommen. Alles, was an diesem Tag nicht gut war, betrachten Sie noch einmal in Ruhe. Dann verabschieden Sie sich davon und überlassen es der blauen Stunde. Für alles, was gut war – die Arbeitskollegin, die Ihnen einen Kaffee gebracht hat, der Autofahrer, der Sie über die Straße ließ, die Einladung von Freunden, der Nachbar, der nachfragt, wie es Ihnen geht –, für all das bedanken Sie sich. Nehmen Sie es nicht als selbstverständlich hin. Fühlen Sie tief in Ihrem Herzen Dankbarkeit. Atmen Sie tief ein und aus – lassen Sie die Dankbarkeit Ihren ganzen Körper füllen. Mit diesem Gefühl der Dankbarkeit verabschieden Sie sich und beginnen Ihren Abend.

Es ist sehr sinnvoll, diese Übung jeden Abend zu machen. Leider schafft man es nicht immer zur blauen Stunde, weil man vielleicht später nach Hause kommt oder die Jahreszeit es nicht zulässt. Dann setzten Sie sich eben früher oder später an einen guten Platz und schauen, was der Tag gebracht hat und was er mit Ihnen gemacht hat. Üben Sie sich in Dankbarkeit. Es wird Ihnen ein gutes Lebensgefühl und Kraft bringen.

> *»Ein Dank an das Leben, das mir so viel geschenkt hat. Es hat mir Augen geschenkt, und wenn ich sie öffne, kann ich Schwarz und Weiß genau unterscheiden, und dort oben am Himmel kann ich einen hellen Stern sehen. Ein Dank an das Leben, das mir so viel geschenkt hat.«* (Violeta Parra)

Auf einen Blick

- Wir hatten es nicht in der Hand, dass sich der Verstorbene das Leben nahm. Den Kampf gegen das Schicksal aufzugeben, schafft ein neues Lebensgefühl.

- Annehmen ohne Wertung.

- Inneren Frieden schaffen.

VI. Gut zu wissen

Mit Kindern über Suizid sprechen

Die moderne Hirnforschung weiß heute, dass es nach einem traumatischen Schockereignis so etwas wie eine »vulnerable« Phase gibt. In dieser sind wir neurobiologisch besonders empfänglich, jetzt werden die Grundlagen gelegt, wie gut oder schlecht wir etwas verarbeiten. Aber dazu muss man unmittelbar nach dem Ereignis rasch mit der Betreuung beginnen. Tita Kern, die fachliche Leitung der AETAS-Kinderstiftung, ist Psychotraumatologin und Familientherapeutin. Die AETAS-Kinderstiftung hat viele hundert Kinder und ihre Familien nach einem traumatischen Ereignis, davon über ein Drittel nach dem Suizid eines geliebten Menschen, unterstützt und begleitet. Welchen Belastungen Kinder ausgesetzt sind und wie wichtig Unterstützung gerade für die kleinsten Opfer solcher Krisen ist, soll das Schicksal des neunjährigen Jonas zeigen, mit dem Tita Kern hier illustriert, worum es in der Arbeit der AETAS-Kinderstiftung geht.

Jonas findet seinen Papa

Jonas lebt mit seinen Eltern in einer kleinen Zweizimmerwohnung. Die drei sind ein eingespieltes Team, Jonas ist für seine 9 Jahre sehr selbstständig und verantwortungsbewusst. Da beide Elternteile viel arbeiten müssen, hat Jonas früh gelernt mitzuhelfen, Aufgaben zu übernehmen und Rücksicht zu nehmen. Er hat zu beiden Eltern eine innige Beziehung.

An einem Dienstag im Frühsommer fällt der Sportunterricht aus. Jonas macht sich auf den Heimweg. Es ist für ihn nicht ungewöhnlich, einige Zeit allein zu verbringen, zu Mittag zu essen und Hausaufgaben zu machen.

Seine Mutter hat eine 24-Stunden-Schicht. An solchen Tagen bereitet sein Vater das Essen für ihn vor. Als er seine Schultasche in die Küche stellt, fällt ihm auf, dass der Zettel, den sein Vater ihm normalerweise schreibt, und das vorbereitete Mittagessen fehlen. Jonas holt sich ein Glas Wasser, um es mit in sein Zimmer zu nehmen.

Die Tür scheint zu klemmen und nur mit all seiner Körperkraft gelingt es ihm, sie so weit aufzudrücken, dass er sich ins Zimmer zwängen kann. Er wundert sich und denkt, dass vielleicht sein Kleiderschrank umgefallen ist und die Tür versperrt.

Als er sich um das Türblatt drückt, erkennt er, dass sich sein Vater an der Türklinke seines Kinderzimmers stranguliert hat.

Verbindung schaffen und Orientierung geben

Die Vorstellung, mit Jonas über sein Erleben zu sprechen, Antworten auf seine Fragen und Trost für seinen Schmerz finden zu müssen, ist verständlicherweise sehr herausfordernd.

Ob, und wenn ja, wie Kinder verstehen und verkraften können, dass sich Menschen – und sogar von ihnen geliebte Menschen – suizidieren, ist kein Thema, das in normaler und alltäglicher Elternkompetenz vorkommt. So ist es ganz normal, dass dieses Wissen nicht ohne weitere Information und Hilfe abrufbar ist; dass Eltern, die vor dieser Aufgabe stehen, verunsichert sind und selbst Unterstützung brauchen.

Hinzu kommt, dass Ratschläge, die Eltern oder Bezugspersonen von betroffenen Kindern in dieser Situation aus ihrem Umfeld erhalten, oft widersprüchlich, von Angst, dem Wunsch zu schützen oder der eigenen Unsicherheit geprägt sind. Leider ist weder die eigene Unsicherheit noch der Wunsch, Kinder von der Lebensrealität eines Suizides abzuschirmen, ein guter Ratgeber.

Die AETAS-Kinderstiftung hat in hunderten Begleitungen Kindern und ihren Bezugspersonen nach dem Suizid eines geliebten Menschen zur Seite gestanden, Hilfestellung und Rückfallebene geboten und immer wieder miterlebt, wie ein Schritt nach dem anderen gelingen kann. Selbst wenn dieser Weg zu Beginn ungehbar schien.

Verbindung

Ein wichtiger Aspekt, der zu diesem Gelingen beiträgt, ist eine tragfähige Verbindung zwischen den Großen und den Kleinen. Angst schaltet bei uns Menschen ganz zuverlässig das Bindungssystem an. Wir möchten uns, ganz automatisch, mit einem vertrauten Menschen verbinden, der größer, stärker und weiser ist. Gelingt diese Verbindung, erleben wir Geborgenheit und Schutz. Geborgenheit, in der auch Schmerz und Verzweiflung, ja sogar Entsetzen ertragen werden können.

Diese Verbindung ist zentral für jede Verarbeitung und setzt voraus, dass betroffene Kinder erleben, dass sie ihrer eigenen Wahrnehmung und dem, was sie von Erwachsenen in dieser Zeit lernen, vertrauen dürfen.

Verschweigen der wirklichen Todesumstände oder »verschiedene Geschichten für verschiedene Ohren« verunsichern auf lange Sicht in der Regel alle Betroffenen. Vorbehaltlose Geborgenheit und zuverlässige Orientierung werden erschwert und zusätzliche Verunsicherung hervorgerufen. Kinder lernen im ungünstigsten Fall, dass Suizid ein Thema ist, über das nicht gesprochen werden darf, auch nicht mit Menschen, mit denen sie sonst über alle wichtigen Dinge reden. Zumindest aber erleben sie den Stress einer Familie, die neben der eigenen Betroffenheit in beständiger Angst und Vorsicht mehrere verschiedene Geschichten wie Jonglierbälle in der Luft halten muss. Zudem entscheidet nie das Ereignis allein oder die Tatsache, wie viel ein Kind davon weiß, darüber, wie gut es verarbeiten wird, was geschehen ist. Vor allem das Erleben von guter Verbindung und sicherer Orientierung nach dem

Ereignis wird entscheidend für den weiteren Weg sein. Denn ein Kind bewertet – je kleiner, desto mehr – ein Geschehen im eigenen Leben je nachdem, wie es die Erwachsenen bewerten und wie stark sie dem Kind ein Gefühl der Geborgenheit vermitteln können.

Eine gemeinsame Sprache für das Geschehene zu haben, in vertrauensvoller Verbindung in die gemeinsame Geschichte hineinwachsen und das Thema von Anfang an mit in die eigene Entwicklung integrieren zu dürfen, das sind die Trittsteine, die erste gute Verarbeitungsschritte bei diesem schmerzhaften Thema ermöglichen.

Orientierung

Erwachsene sind Vorbilder für Kinder. Von ihnen lernen sie den Umgang mit neuen – auch schwierigen – Lebensthemen. Sie schauen sich ab, ob und wie mit Gefühlen umgegangen werden kann, und geben Ereignissen am Vorbild ihrer Erwachsenen Bedeutung und Sinn.

Kinder sind, wie wir alle, nicht gut darin, dauerhaft offene Fragen zu ertragen. Je schwieriger und wichtiger die Frage ist, desto schwerer fällt es uns, keine Antwort zu finden, desto mehr quält und beschäftigt uns die Ungewissheit. Fragen wie: »Warum hat Papa das gemacht?«, »Hatte es etwas mit mir zu tun?«, »Hätte ich etwas dagegen tun können?«, »Was ist eigentlich passiert?« gehören sicher zu den schwierigsten und wichtigsten überhaupt. Es ist ein Trugschluss zu glauben, dass ein Aussparen des Themas dazu führt, dass diese Fragen zur Ruhe kommen. Eher ist es so, dass Kinder die Fragen nicht mehr laut stellen und allein nach Antworten suchen. Vielfach sind ihre Antworten schmerzhaft, verunsichernd und voller Schuldideen.

So liegt in der Aufgabe, mit Kindern über solche schwierigen Fragen zu sprechen und ihnen im Umgang mit Schmerz, Trauer und auch Wut Vorbild zu sein, eine große Chance.

Kinder dürfen miterleben, dass ihre Erwachsenen traurig und voller Schmerz sind. Wenn alle Großen versuchen, tapfere Gesichter aufzusetzen, verwirrt das. Kinder spüren den Schmerz ihrer Bezugspersonen dennoch, und dieser Zwiespalt erschwert die Einordnung des Geschehenen und die Orientierung im Umgang mit den eigenen Gefühlen. Daraus können Kinder nur lernen, dass Gefühle verhüllt und nicht offen gezeigt werden sollten.

Viele Kinder sind durch die Trauer ihrer Großen sehr verunsichert, unter Umständen ist es das erste Mal, dass sie ihre Bezugspersonen so verstört und traurig erleben. Daher kann es hilfreich sein, folgende drei Punkte zu verinnerlichen und im Kontakt mit den Kindern zu vermitteln.

1. »Ich bin traurig, und das darfst du auch sehen.«
»Ich bin voller Trauer wegen dem, was passiert ist. Dazu gehören auch Tränen und dass ich traurig schaue oder du mitbekommst, dass es mir nicht gutgeht.«

2.»Ich weiß, wie es geht, traurig zu sein.«
»Ich kann das. Ich bin groß und kann große Gefühle haben. Ich kann sie fühlen, hindurchgehen, und dann werden sie auch wieder kleiner, wie Wellen. Wenn eine Trauerwelle vorbei ist und es mir wieder ein bisschen besser geht, sage ich es dir. Du musst nicht aufpassen.«

3.»Ich brauche nichts von dir.«
»Ich freue mich, wenn du mich drückst und wir zusammen sind, aber ich brauche dich nicht, um stehen zu können. Du darfst dich mir zumuten und an mir festhalten. Das ist meine Aufgabe, ich bin auch jetzt für dich da.«

So findet sich auch in schwierigen Zeiten der grundsätzliche Rahmen für Orientierung und Verbindung. Das heißt keinesfalls, dass es in der Zeit nach einem Suizid nicht vielfach Gefühlslagen gibt, in denen die Großen nicht weiterwissen, tiefe Verzweiflung spüren und selbst Unterstützung brauchen. Doch um sich anzulehnen, brauchen Erwachsene andere Erwachsene, also ebenfalls jemanden, der für sie größer, weiser, stärker ist. Eine beste Freundin, ein vertrautes Familienmitglied oder andere Tröster und Begleiter.
Im Umgang mit betroffenen Kindern sollte man ihnen signalisieren, dass die Erwachsenen, im Kontakt mit ihren Gefühlen, trotzdem vorangehen können, den Weg bahnen. Dazu genügt es – mit ausreichend eigener Unterstützung –, nur einen Schritt vorauszusein.

Sprechen Sie mit Ihrem Kind!

Kinder haben oftmals bereits vor einem Suizid gemerkt, dass es dem Verstorbenen nicht mehr gut ging, dass er oder sie Schwierigkeiten hatte und nicht mehr so war wie früher. Manchmal kommt der Suizid auch sehr überraschend.

Für Jonas war es wichtig zu erfahren, dass sich sein Papa mit Absicht so wehgetan hatte, dass sein Körper nicht mehr funktionieren konnte, sein Herz aufhörte zu schlagen und er starb. Sogar bei diesem Jungen, der seinen Vater selbst aufgefunden hatte, war die Bestätigung zentral, dass das, was er in seinem Kinderzimmer gesehen hatte, tatsächlich geschehen war. Eine gute Basis, die dann in der Folge im Tempo des Kindes Fragen ermöglicht und Antworten gibt, beinhaltet oft nicht mehr als eine solche erste Formulierung. Auch wenn es sich vielleicht zunächst nicht gut anfühlt, sprechen Sie zeitnah mit Ihrem Kind. Lassen Sie sich dennoch ausreichend Zeit, um Worte zu finden, die Sie zwar traurig, aber mit Überzeugung sagen können. Dafür mag es hilfreich sein, sich mit einer Fachstelle abzustimmen. Die richtigen Worte für das Geschehene und die Sorge um das eigene Kind gut in Einklang zu bringen, kann herausfordern, insbesondere, wenn Sie selbst stark betroffen sind. Auch wenn es fast unglaublich klingt: Es gibt kindgerechte Worte für Tod und Sterben, für Depression, Schmerz und Suizid. Worte, die Fragen beantworten und Einordnung ermöglichen können. So individuell wie die Kinder und ihre ganz persönliche Begegnung mit diesen Themen sind auch diese Worte.

Der Gedanke, besser noch zu warten, erst zu einem späteren Zeitpunkt, wenn das Kind nicht mehr so klein, nicht mehr so verletzt oder die eigene Belastung nicht mehr so groß ist, offen zu sprechen, trügt. Er bringt, wenn überhaupt, nur kurz Erleichterung. Der gute spätere Zeitpunkt kommt nicht in der gewünschten Weise und es wird sich nie gut anfühlen, dieses Gespräch zu führen. Außerdem kommt später oft noch hinzu, dass Kinder das berechtigte Gefühl haben, belogen und ausgegrenzt worden zu sein.

Wenn Kinder eine tiefe Erschütterung erleben, jedoch zeitgleich wahrnehmen, dass sie einbezogen und gehalten werden, stärkt das ihr Vertrauen in die Verbindung zu ihren Großen. Dann lernen sie zugleich, dass Suizid ein

Thema ist, über das gesprochen werden darf und soll. Dann muss ein erstes Gespräch auch nicht mehr sein als eben dies, ein erstes Gespräch, auf das weitere Gespräche aufbauen können.

Wie genau der Suizid durchgeführt wurde, wie eine vorangegangene Entwicklung oder Erkrankung erklärt oder das Warum beantwortet werden kann, sind Fragen, die oft nach und nach, manchmal sehr schnell, manchmal aber auch erst im Laufe der Zeit von Kindern gestellt werden. Für diese Themen ist es gut, sich auf die wirklich vom Kind gestellten Fragen zu konzentrieren und darauf, nicht mehr als die Antwort auf diese Frage zu geben. So erleben Kinder in einer von Hilflosigkeit und Ausgeliefertsein geprägten Zeit, dass sie Tempo und Nähe zum Thema mitsteuern können. Denn manchmal beginnt im Kopf der Großen die eigene Sorge, der eigene Schmerz und die erwachsene Vorstellung von dem, was das Kind am meisten belastet, das Thema so zu beschleunigen, dass viel mehr und viel detailliertere Informationen zum Kind gelangen, als zu diesem Zeitpunkt eigentlich abgefragt wurden.

Versuchen Sie zuzulassen, dass es unter Umständen Fragen geben wird, auf die Sie zunächst keine Antwort wissen. Wichtiger als eine schnelle Antwort auf jede Frage ist die Haltung, dass jede Frage gestellt werden darf. Auch die Antwort: »Das ist eine sehr wichtige Frage. Ich muss erst über die Antwort

nachdenken. Dann sage ich sie dir«, ist orientierend und verbindend. Kommen Sie auf offene Fragen Ihres Kindes zurück und holen Sie sich fachlichen Rat, wenn Sie selbst zu keiner stimmigen, ehrlichen Antwort finden oder sich Sorgen machen. Vergessen Sie über all dem Schweren nicht, mit Ihrem Kind auch über die guten Erinnerungen an die verstorbene Person zu sprechen. Zeiten, in denen wir eine enorme eigene Belastung tragen und gleichzeitig Orientierung bieten müssen, sind eine echte Herausforderung. Seien Sie in Ihren elterlichen Ansprüchen an sich selbst nicht zu streng und gehen Sie einen Schritt nach dem anderen. Bitte holen Sie sich Unterstützung, wenn Sie merken, dass Sie sich sehr unsicher fühlen. Setzen Sie sich nicht unter den Druck, auf jede Frage sofort und richtig antworten zu müssen.
Zuletzt: Denken Sie daran, dass Ihr Kind Sie auch für die »Pausen vom Traurigsein« als Vorbild braucht und achten Sie gut auf Ihren inneren Akku.

Trauma – Posttraumatische Belastungsstörung (PTBS)

Die Trauerzeiten und Phasen zeigen einige Parallelen zu den Symptomen der PTBS. Neueste Erkenntnisse aus der Traumaforschung können für Suizidhinterbliebene sehr hilfreich sein, auch wenn nur eine kleine Gruppe von Betroffenen nach einem Suizid Symptome einer PTBS aufweist. Suizide und plötzliche Tode zählen zu den traumabelastenden Erlebnissen. Fast jeder Mensch erlebt Situationen in seinem Leben, die seine bisherigen Bewältigungsmechanismen überfordern und ihn unglaublich herausfordern. Manche Menschen zerbrechen daran, andere wiederum reifen. Die meisten verfügen aber über viele Ressourcen, das heißt, innere Fähigkeiten und psychische Widerstandskraft, um mit dem Erlebten fertigzuwerden. Dennoch gibt es Erlebnisse, die die bisherige Verarbeitungsfähigkeit bei weitem übersteigen. Dies kann sich seelisch wie körperlich auswirken. In diesen Situationen versagen die natürlichen Reflexe. Die Mittel Flucht oder Kampf funktionieren nicht mehr – im Gegenteil, sie führen zu Ohnmacht, Todesangst und Hilflosigkeit. Der Betroffene ist nicht mehr in der Lage wahrzunehmen, was um ihn herum passiert.

Typische Symptome einer PTBS:

- Wiedererleben, sogenannte Flashbacks: Szenen und Bilder kommen immer wieder hoch, ohne dass der Betroffene das steuern kann. Es fühlt sich für ihn an, als würde er es im Moment wieder erleben, Alpträume.
- Vermeidung: Situationen, Orte, Reize, die den Betroffenen an das Trauma erinnern, werden vermieden.

- dauerhafte Übererregung: Der Betroffene befindet sich in Daueralarmbereitschaft, ist übermäßig schreckhaft, wachsam.

- emotionale Stumpfheit, Gleichgültigkeit, allgemeiner Rückzug.

Wenn Sie den Suizid eines Menschen erlebt haben, dann können all diese Reaktionen auftreten. Sie sind eine normale Reaktion auf ein unnormales Ereignis. Es ist die natürliche und menschliche Folge einer extremen Belastung. Diese Gefühle können Tage, Wochen oder Monate dauern. Jeder Mensch reagiert anders und jeder hat seine Zeit. Holen Sie sich von Beginn an unterstützende und stabilisierende Hilfe. Wenn solche Gefühle gar nicht mehr nachlassen und Ihr Leben beherrschen, warten Sie nicht und lassen Sie sich helfen, bevor es zu Schlafstörungen, Alkoholismus, Panikattacken, Aufgabe der Arbeit oder sozialem Rückzug kommt. Oftmals helfen in den ersten Tagen oder Wochen Menschen, die Orientierung und Stabilisierung geben können. Hilfreiche Adressen finden Sie im Anhang.

Trauer – ein vielschichtiger Prozess

Soziale Reaktionen können sein:
Sozialer Rückzug, Angst vor dem Alleinsein, Hyperaktivität etc.

Es kann zu spirituellen Umbrüchen kommen:
Werteverlust, Hadern mit Gott, Zweifeln an Gott etc.

Körperliche Reaktionen der Trauer können sein:
Krankheiten, die man vorher nie hatte, treten auf oder vorhandene verstärken sich. Schlafstörungen, Unruhe, Gereiztheit, Essstörungen, Herzschmerzen, Migräne, Magenschmerzen, Hautausschlag etc.

Was ist Trauer? Was ist Depression?
Die Unterscheidung ist oft nicht einfach, denn die Symptome ähneln sich sehr: tiefe Traurigkeit, Schlafstörungen, Konzentrationsschwierigkeiten, Appetitverlust etc. Im Unterschied zur Depression kann Trauer sich mit guten und schlechten Tagen abwechseln. Auch in der heftigsten Trauer kann ein Mensch Freude empfinden. Bei der Depression sind Gefühle der Leere und Verzweiflung konstant. Bei der Trauer ist die Welt arm und leer geworden, bei der Melancholie ist es das Ich selbst.

Symptome, welche eher auf eine Depression als auf Trauer hinweisen:
Intensive Schuldgefühle, Suizidgedanken, permanente Gefühle der Hoffnungs- und Wertlosigkeit, langsame Sprechweise und verlangsamte Körperbewegungen, Unfähigkeit, zu arbeiten oder zur Schule zu gehen, Halluzinationen (Dinge sehen und hören, die nicht real sind)

Resilienz – die psychische Widerstandskraft

»Eine Krise ist ein produktiver Zustand.
Man muss ihr nur den Beigeschmack der Katastrophe nehmen.«
(Max Frisch)

Wie Menschen Krisen, den Verlust eines geliebten Mitmenschen, Schicksalsschläge, Unfälle, Erkrankungen oder Misserfolge meistern, hat mit ihrer inneren Stärke, auch Resilienz genannt, zu tun. Resilienz ist eine Unverwüstlichkeit, die Menschen immer wieder aufstehen lässt und dazu führt, dass sie sich nicht unterkriegen lassen. In Krisen reagieren resiliente Menschen mit Handeln und Kreativität, während andere sich hilflos fühlen. Resilienz ist nicht angeboren, sondern kann erlernt werden. Jeder kann sie steigern. Krisen sind Teil unseres Lebens, und jeder Einzelne hat Einfluss darauf, wie er mit ihnen umgeht. Fehlt es Ihnen an der seelischen Widerstandskraft, können Sie sich diese aneignen. Aus Selbstsicherheit zu handeln und den Blick nach vorn zu richten, hilft, die großen und kleinen Krisen im Leben zu meistern. Zu Resilienz gibt es viele hilfreiche Übungen und reichlich Literatur (siehe Anhang).

Eigene Suizidalität

Wie mit diesem Schmerz weiterleben? Woher soll ich die Kraft nehmen? Alles erscheint sinnlos ohne den geliebten Menschen. Nur der eigene Tod wäre Trost. Viele Suizidhinterbliebene denken das, gerade in der ersten Zeit. Die Sehnsucht nach dem Verstorbenen scheint zu groß, um sie aushalten zu können. Ein Rückzug in der ersten Zeit ist normal – oberflächliche Vergnügungen erscheinen angesichts der Trauer einfach zu banal. Von unsensiblen Zeitgenossen (»Reiß dich zusammen!«) hält man sich zudem besser fern. Gefährlich wird es, wenn aus einer – in der Regel vorübergehenden – Todessehnsucht konkrete Selbsttötungsgedanken werden. Wenn Sie merken, dass Sie aus dem Tunnel nicht mehr herauskommen, holen Sie sich dringend Unterstützung. Warten Sie nicht zu lange. Gerade in den ersten Wochen entscheidet sich, wie Sie mit dem Suizid Ihres geliebten Menschen weiterleben können. Selbsthilfegruppen können eine große Hilfe sein, ebenso gibt es Beratungsstellen, allgemeine Therapeuten und Traumatherapeuten, die sich auf Suizidhinterbliebene spezialisiert haben. Jemanden von außen an seiner Seite zu haben, der einem den Blick wieder ein Stück weit öffnet und Orientierung gibt, hilft und stabilisiert in dieser schweren Zeit. Gespräche können sehr entlastend sein und ermöglichen auch wieder den Blick aus dem Tunnel. So mühsam es im ersten Moment erscheint, aber Sie müssen aktiv sein, um zu verhindern, dass Sie depressiv werden. Es gibt einen Weg. Sie entscheiden, in welche Richtung er gehen soll.

Rituale des Abschieds

Wenn Sie den Mut aufbringen und sich dem letzten Abschied stellen, wird er Sie für den Rest Ihres Lebens stärken und positiv begleiten. Dazu gibt es verschiedene Möglichkeiten, die wir ausführlich in unserem ersten Buch, »Das letzte Fest«, beschrieben haben und hier verkürzt aufführen wollen. Die Vorbereitung der Beisetzung hilft uns, mit liebevollen Gedanken Schönes zu erinnern und Versöhnung zu finden. Das letzte Fest ist das schönste Abschiedsgeschenk, das wir geben können – und das wir erhalten werden. Es schmälert den Schmerz nicht, aber die Erinnerung daran wird uns nicht mit Schrecken, sondern mit einem guten Gefühl erfüllen.

Aussuchen der Lieblingskleidung
Die Angehörigen kommen ins Erinnern und erzählen, warum gerade diese Kleidungsstücke für den Verstorbenen wichtig waren. Erinnern und Erzählen bedeutet, Aktivität zurückgewinnen – statt zu schweigen und zu leiden.

Waschen und Anziehen des Toten
Das ist der letzte Liebesdienst, vor allem für Eltern verstorbener Kinder. So unglaublich es klingt: Die Eltern sind voller Dankbarkeit, ihr Kind für die letzte Reise gut versorgen zu können. Bewegend, erfüllend, trostvoll und gut. Wir bestärken jeden, das zu tun, und bedauern, dass Angehörige dieses Angebot nicht häufiger nutzen.

Vorbereitung der Feier
Über den Ablauf einer Beisetzung zu entscheiden, ist weit mehr als Organisation, sondern aktive Trauer. Deshalb ist es wichtig, dass die dem Verstorbenen am nächsten stehenden Angehörigen in die Gestaltung eingebunden werden. Es gibt viel zu entscheiden und zu tun:

- Musik aussuchen – Musik, die mit Erinnerungen verbunden ist, Urlaub, schöne Abende, die erste Begegnung …

- Sterbebilder selbst gestalten mit eigenem Motiv – aus dem eigenen Garten, ein Bild aus der Wohnung, vom Lieblingsort …
- Wer soll sprechen?
- Wer bekommt die Möglichkeit zum letzten »wirklichen« Abschied?
- Wer soll zur Beisetzung kommen?

Schmücken des Raumes

Für den Abschied brauchen wir Zeit und einen geschützten Raum in einer harmonischen Umgebung. Den Abschied kann jeder bei sich zu Hause durchführen. Dekorieren Sie den Raum: ein Foto, Kerzen, Zweige, Blumen – aber nicht zu viel.

In Ruhe ankommen lassen: Kein Angehöriger soll unvorbereitet in diesen Abschied gehen. Wir beschreiben vorher, wie der Tote aussieht, und achten genau darauf, wie die Angehörigen reagieren.

Wir ermutigen, den Verstorbenen noch einmal zu streicheln. Oft geschieht das ganz von selbst, weil das Berühren dem natürlichen Bedürfnis entspricht – wir begreifen mit den Händen. Intuitiv spüren die meisten Menschen genau, was sie tun möchten.

Bemalen des Sarges

Eine Sonne, ein Regenbogen, ein letzter Gruß: »Wir vermissen dich«. Nicht nur Kinder finden hier eine sehr schöne Möglichkeit zur aktiven Trauer. Was will ich meinem geliebten Menschen symbolisch mitgeben?

Das letzte Geschenk – Sargbeigaben

Diese Sargbeigabe ist das persönliche Abschiedsgeschenk. Dinge, die dem Verstorbenen im Leben wichtig waren, oder Dinge, die dem Angehörigen wichtig sind, dürfen dem Verstorbenen in den Sarg mitgegeben werden. Der Sinn der Sargbeigabe ist, dass sich der Angehörige aktiv an das gemeinsame Leben mit dem Verstorbenen erinnert.

Erinnerungen schaffen

- Gestalten Sie eine Erinnerungskerze.

- Schneiden Sie eine Haarlocke ab und geben Sie sie in einen Bilderrahmen.

- Machen Sie einen Tonabdruck der Hand (vor allem bei verstorbenen Babys)

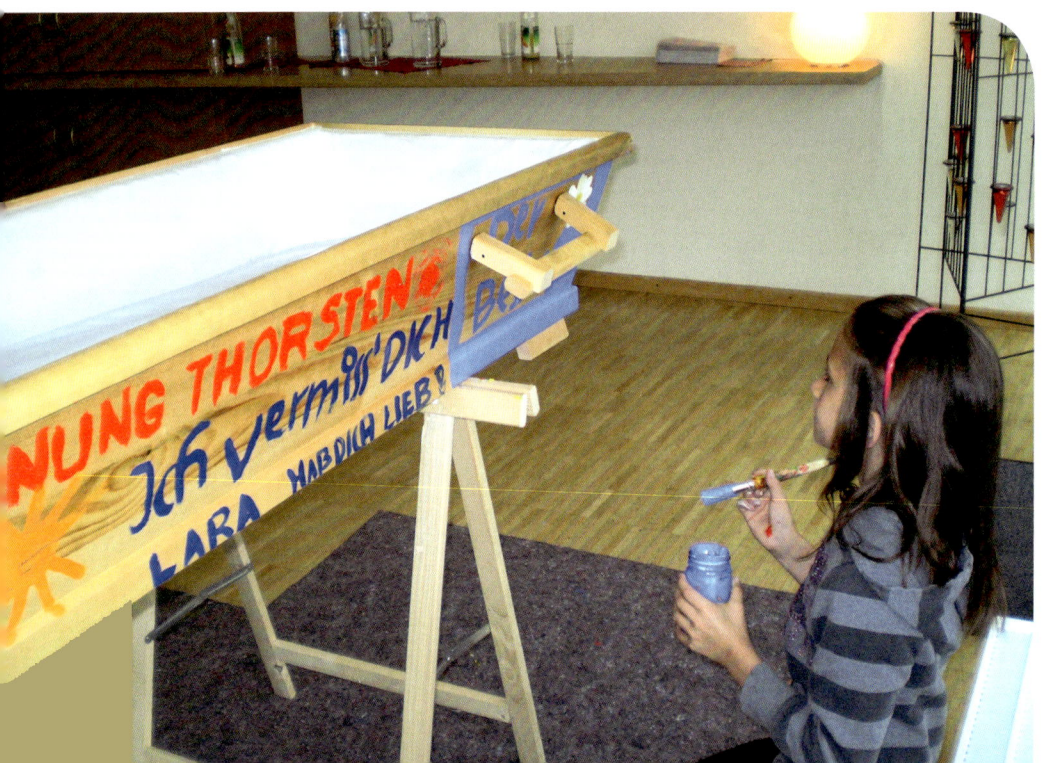

Fotos

Wir machen Trauernden Mut, Fotos von ihrem Verstorbenen und der Trauerfeier zu machen – oder wir machen es für sie. Die Erinnerungen können auch in der Schublade bleiben – aber dass sie da sind, wenn man sie braucht, gibt Sicherheit.

Den Sarg schließen

Den Sarg gemeinsam zu schließen, ist eine sehr wichtige rituelle Handlung, die für die Angehörigen sehr bewegend ist. Sie macht den Tod noch bewusster und greifbarer. Bis zuletzt sorgen die Angehörigen für ihren Verstorbenen.

Den Sarg/die Urne gemeinsam zum Grab tragen

Eine letzte Geste, die ein Gefühl der Fürsorge vermittelt und das Gefühl der Hilflosigkeit und Ohnmacht nimmt.

Beileidsbekundungen

Wenige Worte sind in dieser Situation mehr. Ein Händedruck, ein Streicheln der Hände, vielleicht eine Umarmung und ein zusprechendes Lächeln bedeuten mehr als eine lange Ansprache. Zugleich sollten Hinterbliebene keine Angst vor den Beileidsbekundungen haben. Denn es ist auch für die weniger Nahestehenden in dieser Situation wichtig, ihre Teilnahme zeigen zu können und Trauer in dieser Form Ausdruck zu verleihen.

Der Leichenschmaus

Dies ist ein wichtiger Abschluss für das letzte Fest. Der Leichenschmaus ist ein Zusammenkommen im Angedenken des Verstorbenen. Schon allein durch das Essen wendet man sich wieder dem Leben zu. Der Trauernde wird von der Gemeinschaft getragen und erfährt Trost.

Das Grab als Ort der Erinnerung

Friedhöfe sind unglaublich wichtig, wo wir den Toten bewusst besuchen können, ihm nahe sind, aber auch wieder bewusst gehen können. Hier können Trauernde spüren: Es gibt einen Ort für die Toten und einen Ort für die Lebenden.

Die Geschichte vom Grafen, der sehr alt wurde, weil er ein Lebensgenießer »par excellence« war

Er verließ niemals das Haus, ohne zuvor eine Handvoll Bohnen eingesteckt zu haben. Er tat das nicht, um die Bohnen zu kauen. Nein, er nahm sie mit, um die schönen Momente des Tages bewusster wahrnehmen und besser zählen zu können.

Für jede positive Kleinigkeit, die er tagsüber erlebte, z. B. einen fröhlichen Plausch auf der Straße, das Lachen einer Frau, ein köstliches Mahl, eine feine Zigarette, einen schattigen Platz in der Mittagshitze, für alles, was seine Sinne erfreute, ließ er eine Bohne von der rechten in die linke Jackentasche wandern. Manchmal waren es gleich zwei oder drei.

Abends saß er dann zu Hause und zählte die Bohnen aus der linken Jackentasche. Er zelebrierte diese Minuten. So führte er sich noch einmal vor Augen, wie viel Schönes ihm am Tage widerfahren war und freute sich daran. Und sogar an einem Abend, an dem er bloß eine Bohne zählte, war für ihn der Tag gelungen, hatte es sich zu leben gelohnt.

(Verfasser unbekannt)

Danksagung

Jeder Suizid bringt seine eigene Geschichte. Ohne die Offenheit der Menschen, die wir in den letzten Jahren begleiten durften, wäre dieses Buch nicht möglich gewesen. Ihnen gebührt unser tiefstes Mitgefühl und großer Dank für das uns entgegengebrachte Vertrauen.

Ihnen ist dieses Buch gewidmet, in der Hoffnung, dass es auch für andere Betroffene von Nutzen sein kann.

Wir möchten all unseren »Lehrern« danken, die seit Jahren mit ihrem Wissen und ihren Erkenntnissen in der Trauerpsychologie vieles geprägt und verändert haben. Sie alle sind eine große Bereicherung für uns. Dies sind unter anderem Renata Bauer-Mehren, Jorgos Canacakis, Monika Huber, Roland Kachler, Verena Kast, Karina Kopp-Breinlinger, Chris Paul und Luise Reddemann. Einige davon durften wir persönlich kennenlernen bzw. gemeinsam mit ihnen arbeiten. Viele dieser Erkenntnisse und Erfahrungen finden sich auch in unserem Buch wieder.

Unsere Arbeit wäre ohne unser AETAS-Team nicht möglich. Ein großer Dank geht an sie, weil sie mit ihrer Erfahrung und ihrem ganzen Herzen in der täglichen Arbeit Menschen in dieser schwierigen Lebensphase begleiten.

Dem Gütersloher Verlagshaus und vor allem Herrn Thomas Schmitz möchten wir für den Mut danken, sich dieses Themas anzunehmen und auch unser Buch »Das letzte Fest« weiter zu betreuen. Für die Initiative zu diesem Buch und die Beharrlichkeit möchten wir Herrn Stefan Linde danken. Ohne ihn hätte es weder das erste noch das zweite Buch gegeben.

Von ganzem Herzen möchten wir Frau Nina Schick für ihren schnellen, unkomplizierten Einsatz und ihr Engagement danken. Auch ohne sie, so viel steht fest, hätte es das Buch in der Form nicht gegeben.

Abschließen möchten wir mit den Worten einer Betroffenen, die von Freunden angesprochen wurde: »Gut siehst du wieder aus!«
Sie antwortete nur: »Mir hat ja auch noch nie etwas im Gesicht gefehlt!«

Hilfreiche Adressen

Zur Prävention:

Eine anonyme Beratung von Telefonseelsorgestellen in Deutschland erhält man unter den bundeseinheitlichen und kostenlosen Telefonnummern 0800/1110111 oder 0800/1110222.

Weitere Infos und Hilfsangebote gibt es bei der Stiftung Deutsche Depressionshilfe: www.kompetenznetz-depression.de

Info-Telefon Depression: 0800/33 44 533

Zum Welttag der Suizidprävention: suizidpraevention.wordpress.com

Für Hinterbliebene:

Für Suizidtrauernde bundesweit: www.agus-selbsthilfe.de
Agus ist eine bundesweite Selbsthilfeorganisation

- für Trauernde, die einen nahestehenden Menschen durch Suizid verloren haben (unabhängig davon, wie lange das her ist),

- für Freunde, Bekannte, Kollegen, die einen Suizidtrauernden gerne hilfreich begleiten möchten,

- für Menschen, die durch ihren Beruf mit dieser Todesart in Berührung kommen und die sich über die Situation der Hinterbliebenen informieren möchten,

- für Ärzte, Therapeuten, Pfarrer, Lehrer, Erzieher usw., von denen aufgrund ihrer beruflichen Tätigkeit kompetente Hilfe erwartet wird.

Bundesverband Verwaiste Eltern und trauernde Geschwister in Deutschland e.V.: www.veid.de

Selbsthilfekontaktstelle: www.kiss-stuttgart.de

Mitten im Leben e.V. – Hilfe für Hinterbliebene nach Suizid: mitten.im.leben@ gmx.de

DIE ARCHE Suizidprävention und Hilfe in Lebenskrisen e.V.: www.die-arche.de

AETAS-Kinderstiftung KinderKrisenIntervention: www.aetas-kinderstiftung.de

Hilfe in seelischer Not:

www.ak-leben.de (bietet Entlastung, Hilfestellung und Beratung für Menschen in Sorge um einen anderen Menschen, aber auch für Hinterbliebene nach einem Suizid)

www.das-beratungsnetz.de (ermöglicht Online-Beratung bei Selbstmordgedanken und -absichten)

www.telefonseelsorge.de (Betroffene können kostenfrei und anonym anrufen, um ihre Sorgen zu teilen)

www.neuhland.net (nennt Möglichkeiten der Suizidprävention für Kinder, Jugendliche und junge Erwachsene)

www.u25-freiburg.de (Infos und Online-Beratung für junge Menschen in Krisen und Suizidgefahr)

www.suizidprophylaxe.de (Die Deutsche Gesellschaft für Suizidprävention zeigt weitere Kontaktadressen für Suizidgefährdete auf)

www.buendnis-depression.de Deutsches Bündnis gegen Depression e.V. – Suizidalität

www.frnd.de Freunde fürs Leben

Literaturempfehlungen

Baer, Udo; Frick-Baer, Gabriele: *Das große Buch der Gefühle*. Beltz, Weinheim 2015

Berg, Fabienne: *Übungsbuch Resilienz: 50 praktische Übungen, die der Seele helfen, vom Trauma zu heilen*. Junfermann Verlag, Paderborn 2014

Berndt, Christina: Resilienz – *Das Geheimnis der psychischen Widerstandskraft*. dtv, München 2013

Canacakis, Jorgos: *Auf der Suche nach den Regenbogentränen: Heilsamer Umgang mit Abschied und Trennung*. C. Bertelsmann Verlag, München 1994

Canacakis, Jorgos: *Ich begleite dich durch deine Trauer: Lebensfördernde Wege aus dem Trauerlabyrinth*. Kreuz, Freiburg 2013

Canacakis, Jorgos: *Ich sehe deine Tränen. Trauern, klagen, leben können*. Kreuz, Freiburg 2011

Croos-Müller, Dr. med. Claudia: *Kraft – Der neue Weg zu innerer Stärke. Ein Resilienztraining*. Kösel, München 2015

Diodà, Carin; Gomez, Tina: *Warum konnten wir dich nicht halten?* Kreuz, Stuttgart 2008

Dorrmann, Wolfram: *Suizid. Therapeutische Interventionen bei Selbsttötungsabsichten*. Klett-Cotta, Stuttgart 2012

Heller, Jutta: *Das wirft mich nicht um: Mit Resilienz stark durchs Leben gehen*. Kösel, München 2015

Heller, Jutta: *Resilienz: 7 Schlüssel für mehr innere Stärke*. GU, München 2013

Huber, Michaela: *Der innere Garten: Ein achtsamer Weg zur persönlichen Veränderung*. Junfermann Verlag, Paderborn 2010

Johnstone, Matthew: *Resilienz: Wie man Krisen übersteht und daran wächst*. Antje Kunstmann, München 2015

Jungnikl, Saskia: *Mein Papa hat sich erschossen*. Fischer, Frankfurt am Main 2014

Kachler, Roland: *Damit aus meiner Trauer Liebe wird: Neue Wege in der Trauerarbeit*. Kreuz, Stuttgart 2007

Kachler, Roland: *Meine Trauer wird dich finden: Ein neuer Ansatz in der Trauerarbeit*. Kreuz, Stuttgart 2005

Kast: Verena: *Abschied von der Opferrolle*. Herder, Freiburg i. Br. 2003

Kast: Verena: *Trauern: Phasen und Chancen des psychischen Prozesses*. Kreuz, Freiburg i. Br. 2013

Kast: Verena: *Vom Sinn der Angst*. Herder, Freiburg i. Br. 2007

Kopp-Breinlinger, Karina; Bauer-Mehren, Renata: *Kaleidoskop der Trauer*. Roderer, Regensburg 2003

Kopp-Breinlinger, Karina; Rechenberg-Winter, Petra: *In der Mitte der Nacht beginnt ein neuer Tag*. Kösel. München 2003

Kushner, Harold S.: *Wenn guten Menschen Böses widerfährt*. Gütersloher Verlagshaus, Gütersloh 2004

Mourlane, Denis: *Resilienz: Die unentdeckte Fähigkeit der wirklich Erfolgreichen*. BusinessVillage, Göttingen 2015

Paul, Chris: *Schuld | Macht | Sinn*. Gütersloher Verlagshaus, Gütersloh 2010

Paul, Chris: *Warum hast du uns das angetan? Ein Begleitbuch für Trauernde, wenn sich jemand das Leben genommen hat*. Gütersloher Verlagshaus, Gütersloh 2008

Reddemann, Luise: *Eine Reise von 1000 Meilen beginnt mit dem ersten Schritt – Seelische Kräfte entwickeln und fördern*. Herder, Freiburg i. Br. 2007

Reddemann, Luise: *Trauma heilen: Ein Übungsbuch für Körper und Seele*. Trias, Stuttgart 2012

Reschke, Edda: *Bunter Schmetterling und schwarzer Vogel – Mit Kindern Abschied erleben*. Lahn-Verlag, Limburg 1999

Storch, Maja; Kuhl, Julius: *Die Kraft aus dem Selbst.* Verlag Hans Huber, Bern 2013

Wilk, Daniel: *Auf sich aufpassen: Trancegeschichten als Weg zu den eigenen Heilkräften.* Audio-CD. Carl Auer Verlag, Heidelberg 2010

Bücher von Claudia Croos-Müller und Kai Pannen:

Kopf hoch – das kleine Überlebensbuch: Soforthilfe bei Stress, Ärger und anderen Durchhängern. Kösel, München 2011

Nur Mut! Das kleine Überlebensbuch: Soforthilfe bei Herzklopfen, Angst, Panik & Co. Kösel, München 2012

Viel Glück – Das kleine Überlebensbuch: Soforthilfe bei Schwarzsehen, Selbstzweifeln, Pech und Pannen. Kösel, München 2013

Weiterführende Literatur/Literaturnachweis

Solveig Böhle: *Damit die Trauer Worte findet – Gespräche mit Zurückbleibenden nach einem Suizid.* dtv, München 1996

Anne Christina Mess: *Wenn ich das geahnt hätte: Suizid - Hilfen für Angehörige und Mitbetroffene.* Brendow & Sohn Verlag GmbH, Moers 2009

Manfred Otzelberger: *Suizid: Das Trauma der Hinterbliebenen. Erfahrungen und Auswege.* dtv, München 2002

Zum Thema Trauerdialoge:

Roland Kachler, *Meine Trauer geht –- und du bleibst.* Kreuz, Freiburg 2010

Zum Thema Schuld:

Chris Paul, *Schuld I Macht I Sinn: Arbeitsbuch für die Begleitung von Schuldfragen im Trauerprozess.* Gütersloher Verlagshaus, Gütersloh 2010

Zum Thema Versöhnung:

Paul Ferrini, *Die zwölf Schritte der Vergebung: Aus der Tiefe des Herzens leben.* Audio-CD, J. Kamphausen, Bielefeld 2011

Colin Tipping, *Ich vergebe: Der radikale Abschied vom Opferdasein.* J. Kamphausen, Bielefeld 2004

Weiterführende Übungen:

Luise Reddemann, *Imagination als heilsame Kraft. Zur Behandlung von Traumafolgen mit ressourcenorientierten Verfahren (Leben Lernen 141).* Klett-Cotta Verlag, Stuttgart 2007

Innere sichere Ort, der innere Helfer: http://psychotherapie-glofke-schulz.de/ Die_Sonne_in_der_Seele.pdf

Achtsamkeitsübungen: http://www.institut-achtsame kommunikation.de / informationen-zu-achtsamkeit/achtsamkeit-uebungen.html

Nothilfen-, Stabilisierungs- und Ressourcenübungen: www.institut-berlin.de/ uebungen/

Textnachweis

Seite 5

Mascha Kaléko: Sämtliche Werke und Briefe in vier Bänden (aus: Verse für Zeitgenossen). Herausgegeben von Jutta Rosenkranz. © 2012 dtv Verlagsgesellschaft mbH & Co. KG, München.

Seite 9

Begriffsbestimmung: Die Beurteilung des Suizids im Wandel der Geschichte (web.ev-akademie-tutzing.de/cms/get_it.php?ID=1515).

Seiten 74, 118, 122

Renata Bauer-Mehren (S. 121 nach Michael Bohne)

Seite 96

Geschichte Blumenzwiebel: Gefunden in: »Bunter Schmetterling und schwarzer Vogel: Mit Kindern Abschied erleben, Lahn-Verlag, Limburg 1999.

Seiten 161 – 168

Tita Kern

Seite 170

http://www.neurologen-und-psychiater-im-netz.org/psychiatrie-psychosomatik-psychotherapie/stoerungen-erkrankungen/posttraumatische-belastungsstoerung-ptbs/symptome-krankheitsbild/

Seite 171

Wie äußert sich Trauer: http://www.psychotherapie-wissenschaft.info/index.php/psy-wis/article/view/39/178.

Bildnachweis

Autorenbiografien

Nicole Rinder, geb. 1972 in Heidenheim

Mit 27 Jahren änderte sich mein Leben von einer Sekunde auf die andere. Ich erfuhr, dass mein ungeborener Sohn sterben wird.

Wegen der einfühlsamen Begleitung beim Tod meines Sohnes und der intensiven Auseinandersetzung mit dem Thema entschloss ich mich, eine Ausbildung als Geburtsvorbereiterin zu machen. Mein Ziel war es, Rückbildungskurse speziell für Frauen nach einer Totgeburt oder Neugeborenentod anzubieten.

Bereits im ersten Jahre der Gründung von AETAS bot ich im Rahmen einer Kooperation meinen ersten Kurs an. Durch meine Eigenerfahrung war es nur noch eine Frage der Zeit, bis ich bei AETAS begann, Eltern beim Tod ihres Kindes zu begleiten. Deshalb war ich auch von Beginn mit dabei, das Konzept von AETAS mit umzusetzen und vor allem weiterzuentwickeln.

Es folgte, berufsbegleitend, eine zusätzliche zweijährige Ausbildung als Trauerbegleiterin beim Münchner Institut für Trauerpädagogik.

Die fundierte Ausbildung und meine Eigenerfahrung hatten zur Folge, dass ich in den letzten Jahren vor allem besonders schwierige Sterbefälle (Tod eines Kindes, Suizid, Unfälle und plötzliche Tode) begleiten durfte. Leider blieb auch ich nicht von einem weiteren Schicksalsschlag verschont – dem Suizid meines Bruders 2008. Erneut musste ich lernen, mit dieser Erfahrung und mit dem Schmerz weiterzuleben.

Menschen in diesen oftmals extremen Situationen begleiten zu dürfen, ist für mich nach wie vor nicht selbstverständlich. Es ist eine der intimsten Situationen, vergleichbar mit der Geburt eines Menschen. Für mich ist es immer wieder ein Geschenk und eine große Ehre, wenn Menschen mich an ihrer Trauer und ihrem Ausdruck teilhaben lassen.

Ich habe meine Berufung zum Beruf machen dürfen und so liegt mir die Weiterentwicklung unseres Trauerkonzeptes sehr am Herzen, mit dem Wunsch, dass ich noch viele meiner Visionen umsetzen kann. Die AETAS-Kinderstiftung 2013 mit ins Leben gerufen zu haben, ist ein solcher Wunsch, der in Erfüllung ging.

Florian Rauch, geb. 1968 in München

Aufgewachsen als zweitgeborener Sohn in einem Natursteinbetrieb, war der berufliche Werdegang eigentlich schon vorgegeben: Nach Abschluss meines BWL-Studiums stieg ich in unserem Familienbetrieb ein. Doch ich fühlte schon sehr früh, dass das für mich nicht die letzte Station war. Drei Jahre später erhielt ich die Möglichkeit, als Berater eines der größten Bestattungsunternehmens Deutschlands zu arbeiten.

In dieser Zeit lernte ich den anerkannten Trauerpsychologen Jorgos Canakakis kennen. Ich befasste mich sehr intensiv mit der Trauer und merkte, dass mich dieses Thema nicht mehr losließ. Gleichzeitig wurde mir aber auch bewusst, wie schlecht es um unsere Trauerkultur steht. Beim Besuch eines Trauerumwandlungsseminars erzählten Betroffene von ihren Schicksalsschlägen und wie wenig ihnen gerade in der Zeit zwischen Tod und Beisetzung geholfen wurde.

Spätestens jetzt war klar, dass ich versuchen wollte, Menschen in solch einer schweren Situation zu unterstützen. Basierend auf dem Trauerkonzept von Canacakis, unserem traditionellen Umgang mit dem Tod und ergänzt durch Erfahrungen aus der Praxis, entwickelte ich gemeinsam mit Mitarbeitern ein »eigenes Trauerkonzept«.

Da es mir aber wichtig war, meinen positiven Beitrag zur Veränderung der Trauerkultur zu leisten und ich fest von unserem »Konzept« überzeugt war, blieb nur die Gründung eines eigenen Unternehmens. Und so kam es – im November 2000 wurde AETAS Lebens- und Trauerkultur gegründet. Seit dieser Zeit setzen wir das »Trauerkonzept« mit großem Erfolg um und entwickeln es durch die in der Praxis erhaltenen Erfahrungen weiter.

Im Jahre 2009 eröffneten wir das neue AETAS-Haus. Hier ist unsere tägliche Arbeit mit Trauernden noch besser möglich, unser Haus ist jetzt zudem Anlaufstelle für Fort- und Weiterbildungsangebote zu den Themen Tod und Trauer.

Ein nächster Meilenstein war 2013 die Gründung der AETAS-Kinderstiftung. Diese leistet Kinderkrisenintervention für Kinder und Jugendliche nach einem einschneidenden Ereignis. Der häufigste Grund, warum wir gerufen werden, ist der Suizid. Kleinen Seelen zu helfen, bevor sie krank werden, ist seitdem eine neue Aufgabe für uns.

Damit steht unser Haus auf seinen vier Säulen: der Trauerkultur, Lebenskultur, Fort-und Weiterbildung und der Kinderstiftung.

Eine neue Form der Trauerkultur

Die engagierten Bestatter Nicole Rinder und Florian Rauch bieten in ihrem Praxis-Ratgeber neue ganzheitliche Ansätze, um die Zeit der Trauer individuell zu gestalten: Mit heilsamen Ritualen, zahlreichen Praxisbeispielen und einem Serviceteil bietet dieser vierfarbig bebilderte Trauerbegleiter auf vielseitige Weise Rat und Trost in schwerer Zeit. Er richtet sich an Angehörige, Trauerbegleiter und Menschen, deren Tod bevorsteht und die ihr »letztes Fest« aktiv mitgestalten möchten.

Entdecken Sie mehr auf
www.aetas-kinderstiftung.de

Penguin Random House Verlagsgruppe FSC® N001967

3. Auflage, 2025
Copyright © 2016 Gütersloher Verlagshaus, Gütersloh,
in der Penguin Random House Verlagsgruppe GmbH,
Neumarkter Str. 28, 81673 München

Umschlagmotiv: © Niels Busch – GettyImages.com
Druck und Bindung: Print Consult GmbH, München
ISBN 978-3-579-08632-3
www.gtvh.de